Du darfst Opfer sein.
Aber kein Opfer bleiben.

Für alle, die wachsen wollen.
Denen manchmal aber das Wasser fehlt.

Henoch Förster
* 13. Juli 1985

Wohnort: Hamburg
Kommunikationswissenschaftler
Germanist
Sport- und Fitnesskaufmann
Unternehmer
Freigeist
Mensch

Lebensmotto:
Einfach sagen, wie es ist.

DAS LEBEN IST GUT.

Veränderung ist besser.

von
Henoch Förster

Bibliografische Information der deutschen Nationalbibliothek:
Die Deutsche Nationalbibliothek verzeichnet diese Publikation in der
Deutschen Nationalbibliografie; detaillierte bibliografische Daten sind im
Internet über http://dnb.dnb.de abrufbar.

Verlag: BoD · Books on Demand GmbH, In de Tarpen 42, 22848 Norderstedt
Druck: Libri Plureos GmbH, Friedensallee 273, 22763 Hamburg

ISBN: 978-3-7597-8549-7

INHALT

Das Leben schenkt dir alles. Wenn du es willst.

Das Leben ist gut. Du bist gut. Doch du weißt es besser als ich, dass in dir noch so viel mehr steckt, als du gerade zeigen kannst oder vielleicht zeigen möchtest. Und deswegen ist Veränderung besser. Weiterentwicklung wäre allerdings am allerbesten. Ich will direkt einmal mit einer ganz kurzen Story für dich starten.

Als ich neulich mit dem Fahrrad ins Büro fuhr, hörte ich einen kurzen, aber entscheidenden Satz. Ich passierte die Kreuzung am Hamburger Jungfernstieg. Dort stand ein junger Mann Ende zwanzig. Migrationshintergrund. Handwerkeroutfit. Er telefonierte mit seinem Kumpel. »Egal. Hauptsache Arbeit, Digga!« Das wars. Schon war ich wieder vorbei. Den Satz nahm ich aber mit auf die Weiterfahrt. Und freute mich. Dachte mir »Ja, Mann. Ganz genau!« Hauptsache Arbeit. Was für eine tolle Einstellung. Es ist vielleicht nicht sein neuer Traumjob, dem er gerade nachgeht. Aber er macht was. Hat eine Beschäftigung. Verdient Geld. Vermutlich war das vorher anders. Das an einem Montagmorgen zu hören, war schön. Wo viele nörgeln. Denn jeder sollte dankbar sein, wenn er etwas zu tun hat, Aufgaben erledigen und dem Leben einen Sinn geben kann. Es wird nicht seine letzte Station sein. Er wird sich weiterentwickeln. Alles hat seine Zeit. Aber er freut sich gerade über das, was da ist. Stark.

Bevor ich weitermache, möchte ich eines klarstellen. Während du hier auf den nächsten Seiten meine Geschichten liest, können wir durchaus mal unterschiedlicher Meinung sein. Wir müssen auch keine Freunde werden. Du sollst dich einfach nur zu einem besseren Menschen entwickeln. Jeden Tag ein bisschen. Das ist alles, was mich interessiert. Und dazu möchte ich dich motivieren. Ich weiß, wie es ist, am Boden zu liegen. Viele denken, ich sei mit einem goldenen Löffel geboren und im feinen Blankenese groß geworden. Arrogant und eingebildet. Aber nein, so ist es nicht. Ich bin mit Geldproblemen auf dem Dorf aufgewachsen, erlebte zuhause viel Streit, Sorgen und Probleme, wurde dann irgendwann zum Problemschüler. Bis ich im Alter von neunzehn Jahren zusammenbrach und in einer schweren Depression endete. Viele glauben das nicht, wenn sie mich heute sehen. Aber so ist es. Ich mache dir nichts vor, bin immer ehrlich mit und direkt zu mit den Menschen. Das macht mein Leben nicht einfach. Aber ja, Veränderung ist immer mit ein bisschen Schmerz und Mut verbunden. Ich habe das gewusst und mich bewusst dafür entschieden. Mein Leben komplett zu ändern. Damals, als ich neunzehn war. Und gar nicht wusste, was ich im Leben eigentlich will. Weil ich immer für andere gelebt habe. Und so begann von heute auf morgen mein neues Leben. In dem ich erstmal laufen lernen und mir alles erarbeiten musste. Schritt für Schritt.

Oft werden wir nach unserem Lebenslauf gefragt. Die Menschen erwarten dann immer Antworten, die in ein gesellschaftliches Muster passen. Gerade Wege. Turbokarrieren. Doch weißt du was? Ich war als kleiner Junge immer auf dem Bolzplatz. Dort ist nicht alles perfekt. Du läufst mal links, mal rechts, knickst um, stolperst, fällst hin. Doch du stehst wieder auf. Und irgendwann triffst du das Tor. Ich bin ein Bolzplatzkind. Und das ist nicht nur ein Name. Es bezeichnet einen Charakter. Unseren Charakter. Wir waren Bolzplatzkinder. Und sind es heute noch. Groß geworden, Kind geblieben. Man darf das Spielerische im Leben nie verlieren. Ich habe so viele Knicke in meiner Vita. Aber es juckt mich nicht. Früher meinten die Lehrer, ich könne nicht schreiben. Heute erreiche ich jeden Monat Millionen von Menschen. Durchs Schreiben.

Wann immer du dieses Buch hier liest. Egal, in welchem Kapitel du gerade bist. Und egal, wie es dir gerade geht. Das Wichtigste ist: Dieses Leben, das Universum meint es immer gut mit dir. Versprochen. Was heute wie eine Niederlage aussieht, kann schon morgen dein Sieg sein. Vertraue darauf, dass alles seinen Sinn hat. Das ist der Grundstein zum inneren Frieden. Den wir alle suchen. Der eine früher, der andere später. Und nicht jeder findet ihn. Doch dass du dich für dieses Buch entschieden hast, sagt mir eigentlich schon: Du willst und wirst deinen inneren Frieden finden. Dieses Gefühl erleben, immer glücklich zu sein. Egal, wie viel du in dem Moment hast oder wo immer du auch gerade bist.

Am Ende jedes Kapitels wirst du eine Zusammenfassung mit Aufgaben finden. Dort taucht stets das Wort *Rival* auf. Dafür sollst du einmal deinen persönlichen Rival, also eine Art Bösewicht, kreieren. Eine fiktive Person, ein Avatar, das du sein möchtest. Quasi ein Mensch, der schon das ist und das hat, was du immer sein oder haben wolltest. Dein Gegenspieler im Leben, zu dem du eine Hassliebe entwickelst.

Weil er dir immer einen Schritt voraus ist. Immer schon alles besser kann. Aber, der eben auch dafür sorgt, dass du ständig Fortschritte machst. In allen Bereichen des Lebens. Diese Figur soll jederzeit in deinem Ohr erklingen. Sie erzählt dir davon, dass sie soeben aus dem Fitnessstudio kommt, während du morgens auf deinem Handy gerade die Snoozetaste drückst. Eine Stimme, die sich lustig darüber macht, dass du den Fahrstuhl nimmst, während sie im Treppenhaus nach oben verstummt. Ein mutiger Held, der dir die Angst nimmt, wenn du dem Risiko aus dem Weg gehen möchtest. Ein nerviger Störenfried, der dich ständig aus der Komfortzone schubst. Damit du deinen Horizont erweiterst. Und das ganze Leben kennenlernst. Mit Freud und Leid. Mit Sieg und Niederlage. Und all dem, was dazwischen liegt. Dein Rival besteht aus Spiegelglas. Sein ganzer Anzug ist ein einziger Spiegel. Wann immer du ihm begegnest, siehst du dich selbst. So, wie du gerade bist. Das kann manchmal auch wehtun. Gleichzeitig siehst du ja auch dich in deinem Rival, hinter dem Glas. In seinem Körper. Hier liegen Gegenwart und Zukunft also nah beieinander. Doch dein Gegenspieler wird auch zeigen, was hinter dir liegt. Denn ein glücklicher Mensch, der mit sich im Reinen ist, schöpft seine Kraft immer aus drei Quellen. Aus der Vergangenheit, der Gegenwart und der Zukunft.

Um selbst ein Held zu werden, brauchst du einen anderen als Vorbild. Wählen wir dabei einen echten und real existierenden Menschen, stürzen wir uns ins Unglück. Denn du wirst niemals die gleichen genetischen Voraussetzungen, Talente und Möglichkeiten haben, wie irgendein Mensch auf dieser Welt. Dieser Vergleich ist unfair. Denn du hast nicht denselben Körper oder bist unter ganz anderen Voraussetzungen ins Leben gestartet. Wir sind alle einzigartig. Du kannst dich nur mit einer Person vergleichen. Mit dir selbst. Mit deinem zukünftigen Ich. Und du allein entscheidest, wie dieses Ich aussieht. Ob du deinen Rival schwarz oder bunt malst, du wirst am Ende irgendwann exakt so aussehen, wie du ihn dir vorgestellt hast. Wegen dieser großartigen Kraft der Gedanken.

Dein Rival wird sich Ziele setzen und sie erreichen. Dein Rival wird nicht nur motiviert sein, sondern auch diszipliniert. Dein Rival wird viel arbeiten, auch an sich selbst, aber dennoch, oder gerade deshalb, glücklich sein. Er wird stark sein und Nein sagen, wenn du schwach wirst und Ja sagst. Dein Rival kann widerstehen. Er kann Vertrauen. Leben und leben lassen. Er kann so Vieles. Und das wirst du in diesem Buch erfahren.

Ich möchte hier auch kein langes Vorwort schreiben. Sondern direkt ins Machen kommen. Anfangen. Denn Zeit ist Energie. Und die möchte ich dir nicht rauben. Sondern freilegen. Also fangen wir an. Steigen wir ein. Und ab geht die Reise durch die Welt der Chancen und Möglichkeiten. Durch das Tal der Erkenntnisse. Über den Gipfel des inneren Friedens. Schön, dass du dabei bist. Das Leben ist gut. Veränderung ist besser.

Anderssein. Einer der härtesten Zweikämpfe im Leben.

Als kleiner Junge war es mir immer unangenehm, anders zu sein. Wenn meine Eltern oder meine Familie in der Öffentlichkeit komisch auffielen, schämte ich mich. Ich wollte stets normal sein. Das sagte ich auch das ein oder andere Mal zu meiner Schwester: »Können wir nicht einfach normal sein?«.

Irgendwie bewertete ich das Anderssein für mich als etwas Schlechtes. Dabei war ich ja in jungen Jahren selbst schon so anders. Aber ich wollte eben auch nie so sein wie mein Vater. Und der war verdammt anders. Für mich unangenehm anders. Nicht cool anders.

Den Wert des Andersseins erkannte ich erst als junger Erwachsener. Und in diesem Zuge entwickelte ich auch erst das Selbstvertrauen, welches man dafür benötigt. Ja, Anderssein hat sehr viel mit dem Vertrauen in sich selbst zu tun. Denn je mehr du dich im Leben abseits der Norm bewegst, desto mehr Kritik und Widerspruch gibt es. Desto mehr negative Bewertung erfährst du. Und dafür braucht es eine gewisse Stärke. Eine gewisse Resilienz. Die ich als Kind und Jugendlicher nicht hatte.

Und natürlich hat die Akzeptanz, anders zu sein, auch ganz viel mit Selbstliebe zu tun. Wir werden mit einer gewissen Geworfenheit geboren, unser Wesen ist von klein auf schon sehr vorgeprägt. Wenn wir dann merken, dass wir uns ungewöhnlich und abseits der Norm verhalten, sollten wir das natürlich so schnell wie möglich akzeptieren und lieben lernen. Und nicht verurteilen. So, wie es die Gesellschaft und beispielsweise auch Lehrer oft tun.

Der Mensch neigt von Natur aus dazu, sich in eine Gruppe integrieren zu wollen. Sich anzupassen, um dazuzugehören. Der Mensch ist ein Herdentier. Anders zu sein, stößt oft auf ablehnende Reaktionen von Menschen und insbesondere Gruppen. Denn die Gruppe ist wiederum stärker als eine Einzelperson und fühlt sich auch mächtiger in der Summe gegen eine abweichende Meinung, Einstellung oder Lebensweise. Viele Menschen können dem Druck einer Gruppe oder Masse nicht standhalten, weichen dadurch dann von ihren Werten und Meinungen ab und geben sie auf. Mal schneller, mal langsamer. Standhaft zu bleiben, Ja oder Nein zu sagen, wenn du der einzige von hunderten bist, kann sehr hart sein. Es bedarf einiges an Mut, sich in diesen Momenten selbst zu vertrauen und überzeugt davon zu sein, richtig zu liegen. Weil du eben ein Gefühl in dir trägst, von dem du glaubst, richtig zu denken oder handeln.

Kleiner Sprung. Wer immer nur durchschnittlich arbeitet, der wird auch nur durchschnittliche Ergebnisse erzielen. Gehen wir jetzt mal von folgendem Szenario aus. Da ist ein junger Mann, der reich werden und Erfolg haben möchte. Er hat einen normalen Bürojob und ist auch durchaus bereit, jeden Morgen aufzustehen und fünf Tage die Woche acht Stunden zu arbeiten. Die (vielleicht) bittere Erkenntnis ist: So wird er sein Ziel nie erreichen. Warum? Schauen wir einmal auf eine Studie aus den USA. Der durchschnittliche Millionär arbeitet dort dreizehn Stunden täglich. Fünf Stunden mehr als der Ottonormalverbraucher. Daraus können wir den Schluss ziehen, dass du im Normalfall anders arbeiten musst, um reich und erfolgreich zu werden. Und anders heißt laut dieser Studie vor allem erstmal mehr. Doch wir wissen alle, dass mehr allein auch nicht reicht. Sonst würden ja einfach viele Extraschichten machen, vielleicht vierzehn Stunden am Tag Pizza ausfahren. Und dann reich werden. Ist aber nicht so. Neben »Wie lange arbeiten« zählt nämlich auch »was arbeiten«.

Im Business geht es immer um den USP (Unique Selling Proposition). Ein Alleinstellungsmerkmal. Ein einzigartiges Angebot. Und je geringer das Angebot, desto höher der Preis. Ja genau, beziehe das mal direkt aufs Anderssein. Je weniger Menschen es gibt, die anders sind, desto höher ist deren Wert. Zumindest erstmal in der Theorie.

Also, mach dir mal Gedanken über den USP von erfolgreichen Produkten oder Unternehmen. Was macht sie denn so einzigartig? Apple hat keine normalen Smartphones. Für uns ist es mittlerweile Standard, ja. Aber damals am Start, da waren sie so besonders, so anders, dass die Produkte schnell einen gewissen Wert erzeugten und die Nachfrage stieg. Weil es eben auch nicht wirklich starke Konkurrenzprodukte gab.

Messi und Ronaldo. Sie dominierten den Spitzenfußball über ein ganzes Jahrzehnt. Sie sorgten für Milliardenumsätze, verdienten selbst unfassbar viel Geld und sammelten zahlreiche Trophäen. Nicht, weil sie durchschnittlich gespielt haben. Sondern, weil sie anders waren. Besser. Sie haben sich ihre Alleinstellungsmerkmale herausgearbeitet.

Das machte sie so wertvoll. Sowie monetär als auch reputations- und imagetechnisch. Sie haben all den Respekt dieser Welt. Insbesondere Ronaldo musste viele Widerstandskämpfe führen. Er hat stark polarisiert, dadurch auch viel Hass und Abneigung auf sich gezogen. Doch genau das hat ihn, gepaart mit seiner unfassbaren fußballerischen Leistung, zu dem gemacht, der er ist. Stell dir vor, Ronaldo hätte ein Problem damit gehabt, anders zu sein. Was hätte er dann erreicht?

In der Schule haben wir alle Aufsätze geschrieben. Ich auch. Da gab es dann Vorgaben. Schreibe nicht weniger als 800 Wörter, aber auch nicht mehr als 1200. Allein das ist schon so unfassbar reglementierend. Als ob ein guter Text an seiner Länge gemessen werden kann. Wenn es jemand in wenigen Worten gut auf den Punkt bringen kann, wird er benachteiligt. Wenn jemand seine Punkte ausführlicher darstellen möchte, wird er benachteiligt. Das hat mich damals als Schüler schon getriggert. Ja, und dann hatte ich eben auch ganz andere Interpretationsansätze als die Lehrer. Etwas Outside the Box gedacht. Weil den Lehrern diese Gedanken nicht gefielen, oder sie diese gar nicht nachvollziehen konnten, bekam ich für den Inhalt dann eine schlechte Note. In der Schule wurde mein Anderssein stets bestraft. Und so werden wir in jungen Jahren bereits darauf getrimmt, normal zu sein. Sich in einem normativen Rahmen zu bewegen, oder, wie in diesem Fall, auch zu antworten. Und so habe ich mich mit meinem Wesen sehr schwer getan im Rahmen der Schule. Auch das spielte mit rein, dass ich ein Problemschüler war.

Heute bin ich mir meiner Andersartigkeit bewusst, akzeptiere und liebe sie sogar. Denn ich weiß, dass sie oft eine Superkraft ist. Dass ich mich dadurch einzigartig und besonders machen kann. Im Privaten, aber auch im Business. Mich bekommen die Menschen nur einmal. Und das steigert meinen Wert. Ich werde dir noch ein Beispiel aus der jüngeren Vergangenheit nennen. Die Coronazeit. Nach dem zweiten Lockdown begann ich, Dinge infrage zu stellen. Blieb dabei immer sachlich und aufklärend. Das fand seinen Höhepunkt in jener Zeit, als sich alle impfen ließen. Freiwillig oder unfreiwillig. Ich setzte mich stets für die freie Impfentscheidung ein, stellte weiterhin Dinge infrage und kommunizierte das auch stets öffentlich über Instagram. Ich lieferte Fakten, hinterfragte und zog Schlüsse. Da gab es dann einige Menschen, die mir entfolgten. Online und offline. Der Kicker schrieb einen Hetzartikel über mich. Ich bekam so richtig krassen Gegenwind. Weil ich kritisierte. Weil ich zum einen anders dachte und zum anderen anders kommunizierte. Ich habe immer den Mut, Dinge laut zu sagen. Eine Grundsatzentscheidung aus der Phase meiner damaligen Depression. Ich entschied zu jener Zeit, nicht mehr lügen zu wollen. Und Themen anzusprechen, bei denen andere sich nicht trauen werden. Weil ich in dieser Zeit lernte, dass ich nichts zu verlieren habe. Und selbst wenn man etwas verlieren würde, stets neu beginnen könnte. Ich hatte einfach die Stärke entwickelt, während Corona meine ehrliche Meinung zu äußern. Es war ein Höllenritt. Denn ich steckte in den verteufelten Schubladen vieler Menschen. Doch es hat sich gelohnt, wie sich nun spätestens nach den RKI-Files herausstellte. Viele Menschen schätzen nun nachträglich meinen Mut und erkennen an, dass ich stark geblieben bin. Dass ich anders war. Und dass diese Andersartigkeit am Ende auch geholfen hat, sich treu zu bleiben. Weil ich mich nicht verbogen und der Norm angepasst hatte, steigert sich nun für Gegenwart und Zukunft meine Glaubwürdigkeit. Was ein sehr hoher Wert ist. Und der mir persönlich auch sehr wichtig ist. Gleichzeitig möchte ich an dieser Stelle auch sagen: Man muss nicht auf Krampf stets anders sein. Entweder ist man anders oder nicht. Ich denke, dass sollte schon intuitiv entstehen und nicht zum Grundprinzip werden. Denn dann ist das eben auch nicht authentisch.

Zusammenfassung und Aufgaben:

Wie verhält sich mein Rival beim Thema Anderssein? Mein Gegenspieler scheut sich nicht, anders zu sein. Er hat eine Haltung oder Meinung. Und egal, ob sie der Norm entspricht oder stark abweicht, sie bleibt gleich. Sofern ich heute noch von ihr überzeugt bin. Mein Rival ist stark genug, um anders zu sein. Er verbiegt sich nicht, um akzeptiert zu werden.

Außergewöhnliche Leistungen erzielen außergewöhnliche Ergebnisse. Wer immer das macht, was der Durchschnitt tut, wird aller Wahrscheinlichkeit nach nur durchschnittliche Ergebnisse erreichen. Wenn du also etwas Besonderes erreichen möchtest, musst du auch besonders (viel) investieren.

- Liebe das Anderssein und löse dich von der allgemeinen Meinung, dass es etwas Schlechtes sei.

- Sei nur anders, wenn du es auch wirklich fühlst. Künstlich kreierte Andersartigkeit wird irgendwann aufgedeckt und ihr fehlt schlichtweg die Glaubwürdigkeit. Außerdem kostet Lügen immer viel Energie. Es ist nichts Verwerfliches, normal zu sein.

- Du kannst einmal bewusst darauf achten, dein Anderssein in einer bestimmten Situation herauszustellen. Vielleicht hast du dich in der Vergangenheit öfter zurückgezogen, wenn du gemerkt hast, du verhältst dich gerade anders als die Norm. Bei der nächsten Situation stehst du einfach zu deiner Andersartigkeit. Auch, wenn es vielleicht Überwindung und Mut kostet. Oder besser gesagt: Gerade deshalb. Denn wenn du zu deiner Meinung stehst und sie auch äußerst, stärkt das immer dein Selbstvertrauen. Auch, wenn der Moment des Gegenwindes vielleicht erstmal hart ist. Eine Entwicklung findet immer nur dann statt, wenn das Gehirn in Erregung versetzt wurde und sich in einer Stresssituation befand. Erst danach bewertet und lernt es.

- Dein Rival ist mittlerweile ein Vorbild für andere. Weil er es schafft, sein Anderssein positiv zu nutzen. Er weiß um diese Superkraft. Und die Akzeptanz und Liebe zur Andersartigkeit hat ihn richtig stark gemacht. Er lässt sich schon lange nicht mehr durch die

Normalität einer Gruppe von der Überzeugung seiner Ideen und Meinungen abbringen. Auch, wenn er tief in sich stets dazugehören will, weiß er, dass er sich seinen Respekt nur verdient, wenn er sich seinem Wesen und seiner Art treu bleibt. Es ist für deinen Rival mittlerweile auch eher ein Spiel als ein Kampf.

- Überlege mal, welche Ängste sich entwickeln, bei der Vorstellung anders zu sein. Meistens sind diese total unbegründet. Wirklich Angst kann man haben, wenn dir in freier Natur beispielsweise ein Löwe gegenübersteht. Denn dann besteht wirklich akute Gefahr. Doch wann erleben wir im Alltag derartige Situationen. Die Gefahr ist ja in den meisten Fällen nur eine Fiktion. Eine Befürchtung. Und man malt sich den Dämon oftmals viel größer aus, als er am Ende tatsächlich ist.

- Schreibe dir mal ein paar Erlebnisse oder Momente auf, bei denen es sich gelohnt hat, anders zu sein. Nimm dir dafür wirklich mal etwas Zeit. Du wirst erstaunt sein, an welche Dinge du dich erinnerst. Die du bei all deinen Zweifeln vielleicht jahrelang verdrängt hast.

Zu riskant. Was habe ich denn zu verlieren?

Risiko. Was ist das eigentlich? Es ist die Wahrscheinlichkeit des Eintritts eines befürchteten Ereignisses, welches eine negative Konsequenz mit sich tragen würde. Beim Risiko platziert man also immer irgendwo und irgendwie eine Wette. Man hält es für wahrscheinlich, dass ein gewisses Ergebnis folgt, weiß jedoch gleichzeitig auch, dass man etwas verlieren kann. Weil Risiko nie Sicherheit bedeutet. Und vom Grundprinzip eigentlich sogar das Gegenteil ist. Oftmals kann man die Folgen einer Entscheidung zwar vorhersagen und einschätzen. Doch weiß man eben nicht zu 100%, wie es ausgeht. Ob wie erhofft positiv oder wie unerwünscht negativ. Mit dem Risiko verknüpfen wir demnach immer einen möglichen Schaden oder Verlust.

Gleichzeitig ist das Risiko für jeden Menschen sehr individuell und vor allem beeinflussbar bzw. veränderbar. Also für mich ein dynamischer Begriff. Was für den einen riskant ist, kann für den anderen eine sichere Angelegenheit sein. Denn Wahrscheinlichkeiten sind stark beeinflussbar. Nicht immer, aber in vielen Bereichen. Den wohl größten Einfluss auf die Höhe des Risikos hat Wissen. Je mehr du über ein mögliches Ereignis weißt, desto wahrscheinlicher kannst du die Konsequenzen einschätzen. Gleichzeitig lebt das Risiko vor allem auch von Intuition und Mut. Also eben von Ausgangssituationen, in denen man faktisch sehr wenig weiß. Rational betrachtet. Aber man folgt einem Gefühl, einer inneren Stimme, der eigenen Intuition, die dir sagt: »Wage es, es wird sich lohnen.« Wo andere einen für verrückt erklären. Weil sie große Angst vor dem möglichen

Schaden haben. Und den für sehr wahrscheinlich halten. Eigentlich ist Risiko demnach doch oft die irrationale Entscheidung, eine Wette entgegen den rationalen Wahrscheinlichkeiten zu platzieren, weil man selbst unterbewusst doch mehr zu wissen scheint als das offensichtlich Zugängliche. Und dieses persönliche Wissen basiert stets auf Vertrauen. Vertrauen entweder in das Schicksal (Glücksspiel) oder in die Einschätzung seiner eigenen Fähigkeiten.

Genug der Theorie und Definition. Lass uns das mal in der Praxis mit ein paar Beispielen beleuchten. Fangen wir mit dem Glücksspiel und der Lotterie an. Auch hier geht es um Wahrscheinlichkeiten. Fakt ist, dass die Wahrscheinlichkeit steigt, etwas zu gewinnen, je öfter wir spielen. Und Fakt ist auch, dass unsere Gewinnchancen steigen, je weniger Personen mitspielen. Gleichzeitig sind wir uns sicherlich einig, dass die Beeinflussung des Glücksspiels bei automatisierten Zufallsgeneratoren schon sehr gering ist. Ja, man kann an Geldautomaten erkennen, ob der Automat »fällig« ist. Denn dieser hat ja einen physischen Geldspeicher. Wenn der Spielautomat vom Betreiber länger nicht geleert wurde, steigt die Wahrscheinlichkeit, dass er Gewinne ausspuckt. Auch das Pokerspiel, was viele als Glücksspiel ansehen, ist definitiv beeinflussbar und das Risiko dadurch sehr schwankend. Je nachdem, wie gut du Poker spielen kannst. Manch einer rechnet beim Poker lediglich die Wahrscheinlichkeiten aus und entscheidet ausschließlich danach, welche Karten er spielt oder nicht. Und dann gibt es Spieler, die ein Gefühl haben. Und da kommt dann das Risiko ins Spiel.

Denn jetzt geht es ja nicht mehr um rationale Wahrscheinlichkeiten. Nun geht es scheinbar um besonderes Wissen. Ein Wissen, das nicht unbedingt erklärbar ist. Ein Spieler spürt vielleicht eine Energie, er hat eine Eingebung. Oder aber, er hat seinen Gegenspieler schon länger beobachtet und folgt durch das Wissen aus dessen Verhaltensmuster einer anderen, neuen Wahrscheinlichkeit. Da befinden wir uns im Bereich des Nichtmessbaren, des Unerklärlichen.

Ja und damit sind wir wirklich im Alltag angekommen. Schauen wir doch mal auf Fälle, die jeder kennt. Du siehst eine attraktive Frau auf der Straße. Oder einen attraktiven Mann. Das ist geschlechtsunabhängig. Irgendwie spürst du das Verlangen, diesen Menschen anzusprechen. Doch jetzt fängt dein Kopf an zu arbeiten. Zweifel und Angst kommen auf. Was, wenn ich Ablehnung erfahre. Wenn sie oder er mich scheiße findet. Wie stehe ich denn dann da vor all den Leuten. Vor ihm oder ihr. Und vor allem vor mir selbst. Die Angst vor einem potenziellen Schaden oder Verlust steigt plötzlich. Deswegen gehe ich einfach weiter. Und das Risiko gar nicht ein. Ich schaue später mal bei Instagram oder Tinder, ob mich vielleicht jemand anschreibt. Das ist ein typischer Zyklus der heutigen Zeit. Sicherheit statt Risiko. Weil man nichts verlieren möchte. Aber bitte, lasst uns einmal ganz kurz innehalten und darüber nachdenken. Was haben wir denn wirklich zu verlieren? Selbst wenn jene Person, die du ansprichst, dich nicht attraktiv findet und kein Interesse an dir hat, wird sie dich immer, und das ist ganz sicher, wohlwollend und positiv beurteilen. Aus zwei Gründen. Erstens respektiert sie dich, weil du mutig warst und deinem Gefühl gefolgt bist, auch wenn du vielleicht etwas

Angst oder Nervosität verspürt hast. Zweitens kannst du einem Menschen nie unsympathisch sein, wenn du ihn lobst. Zumindest in dem Moment. Selbst, wenn dein größter Feind dich lobt, magst du ihn für einen kurzen Moment. Das ist eine natürliche Reaktion. Bedeutet letztendlich für unser Szenario auf der Straße, dass dich ein Beteiligter schon mal respektiert und auch sympathisch findet. Und die Zuschauer, von denen du glaubst, dass sie die Situation wirklich aufmerksam verfolgen, sind gar nicht wirklich da. Du denkst nur, dass dich in dem Moment jeder beobachtet. Dabei werden es maximal nur ein bis zwei Passanten wirklich hören und auch die werden dich respektieren und die Situation als sympathisch abspeichern. Somit bleibt nur noch eine Person, die einen Schaden oder Verlust in diesem Ereignis sehen kann. Und das bist du. Du allein siehst jetzt noch einen Moment der Peinlichkeit, eine Rufschädigung. Weil ein Nein an deinem Selbstvertrauen nagt. Aber du bist eben nicht dein Umfeld. Du bist viel zu subjektiv. Viel zu verzerrt. Eigentlich gewinnst du faktisch nach außen hin. Deine Sympathie- und Respektpunkte steigen in der Öffentlichkeit. Warum wertest du dich dann ab? Es kann tausend Gründe haben, warum sie keinen Kaffee mit dir trinken oder dir ihre Nummer nicht geben möchte. Mit welchen fangen wir an? Vergeben. Schlecht drauf. Ängstlich und verunsichert. Vielleicht bist du wirklich einfach nicht ihr Typ, obwohl du für andere sehr attraktiv bist. Möglicherweise hat sie sich diese Woche nach sieben Jahren von ihrem Freund getrennt. Und möchte von Männern gerade mal gar nichts wissen. Weil sie erstmal selbst klarkommen muss. Überhaupt nicht bereit ist. Es kann so viele Gründe haben, die absolut nichts mit dir zu tun haben müssen. Genauso gut hätte sie aber auch Ja sagen können. Erst auf der Straße. Und ein paar Jahre später vor dem Altar. Zwischen dir und deiner Frau fürs Leben steht oft eben nur eine Frage. Einmal mutig sein. Risiko. Auf der Straße. Oder sonst wo. Vielleicht passiert auch das hier: Du findest die Person auf den ersten Blick total hübsch, und sobald sie anfängt zu sprechen, wird sie richtig unattraktiv. Du findest es nur heraus, wenn du dieses Risiko eingehst, ein Nein zu bekommen. Doch was haben wir vorhin festgestellt? Ein Risiko ist die Wahrscheinlichkeit des Eintritts eines befürchteten Ereignisses, welches eine negative Konsequenz mit sich tragen würde. Wir können diesen Begriff also eliminieren. Indem wir in dem Schaden oder Verlust, welchen wir hier mit einem Nein gleichsetzen, einfach etwas Positives sehen. Und somit entsteht aus dem Schaden eine Erkenntnis. Es entsteht gar kein Verlust, sondern ein Aha-Erlebnis. Wir können also das Ergebnis beeinflussen. Indem wir entscheiden, wie wir es bewerten. Und so wird aus dem einstigen Risiko eine Sicherheit. Weil ich jetzt sicher sein kann, dass ich immer gewinne, wenn ich auf Menschen zugehe, die ich etwas fragen möchte.

Diesen Mechanismus sehen wir genauso im Business. Was auch klar ist. Denn das Business besteht ebenfalls aus Menschen. Ich habe Anfang zwanzig im Callcenter gearbeitet. Eine der härtesten Schulen. Heute bin ich so dankbar, dass ich diese wirklich sinnvolle Schule fürs Leben besuchen durfte. Du bist neu im Büro. Es ist offen. Dein erster Tag, jeder hört dich. Da sitzen schon einige Alteingesessene. Du kennst das Produkt kaum und den Leitfaden sprichst du auch noch nicht auswendig. Es ist so unangenehm, vor allen Kollegen laut zu sprechen. Weil du einfach noch so unsicher bist. Das spürt auch der Gesprächspartner am anderen Ende der Telefonleitung. Und hat natürlich kein Interesse. Peinlich alles. Völlig versagt. Man möchte im Boden versinken. Oder direkt nach Hause gehen. Doch mit jedem Telefonat lernst du. Wirst sicherer. Vergisst irgendwann dein Umfeld. Konzentrierst dich auf den Gesprächspartner. Du sprichst immer freier. Und dann irgendwann machst du den ersten Deal. Ein unfassbares Gefühl. Irgendwann ist die Angst dann weg. Und auch hier die Frage: Wo war zu Beginn das Risiko? Der Schaden kann eine totale Blamage sein. Vor den Kollegen und den Kunden. Deine Mitarbeiter lachen vielleicht ein bisschen. Und ja, das ist scheiße. Fühlt sich nicht gut an. Aber weißt du was? Sie haben das auch erlebt. Genau das gleiche. Und sie würden das tief im Innern nie wirklich negativ bewerten. Da kannst du dir sicher sein. Und der Kunde? Ja, mein Gott. Den hörst oder siehst du vermutlich nie wieder. Und auch den kannst du im falschen Moment erwischt haben. Vielleicht ist sein Vater gerade erst verstorben, er steht kurz vor der Insolvenz oder war einfach gerade nur unter Zeitdruck. Vermutlich hast du aber schlichtweg nicht überzeugt. Weil du durch fehlendes Wissen und Praxis keine Sicherheit vermittelt und dadurch auch keine Überzeugungskraft generieren konntest. So oder so: Wieviel Bedeutung wird dieser Mensch, von allen, denen du schon begegnet bist oder die noch treffen wirst, in deinem Leben haben? Schon morgen hast du ihn fast vergessen. Und schon wieder sehen wir, dass aus dem Schaden eher eine Erkenntnis folgt. Dass wir noch nicht gut sind, noch mehr Praxiserfahrung benötigen, lernen müssen. Um sicher aufzutreten und erfolgreich zu telefonieren. Also beeinflussen wir erneut das Ergebnis. Indem wir entscheiden, wie wir es bewerten. Und so wird aus dem einstigen Risiko erneut eine Sicherheit. Es ist stets das gleiche Muster.

Am Anfang steht immer irgendwie ein Risiko. Wenn du neue und ungewohnte Dinge tust. Unser Ziel sollte es sein, es in Vertrauen und Routine umzuwandeln. Wenn es normal wird, zu riskieren, ist es irgendwann kein Risiko mehr. Wir verstehen uns.

Zusammenfassung und Aufgaben:

- Ein Risiko ist die Wahrscheinlichkeit des Eintritts eines befürchteten Ereignisses, welches eine negative Konsequenz mit sich tragen würde. Wenn wir das negative Ergebnis allerdings gar nicht als solches sehen, entsteht auch kein Schaden oder Verlust. Sondern ein Gewinn. Investierst du beispielsweise Geld und verlierst es kurz darauf, dann betrachten die meisten dieses Ergebnis erstmal als einen Verlust. Wie sieht dein Rival das? Investiert dein Gegenspieler Geld und verliert es danach, sieht der Rival den ausgegebenen Betrag als den Preis für eine Erkenntnis oder ein Learning. Dein Rival weiß, dass das Leben voller Risiken ist. Und er arbeitet stets daran, sie zu minimieren oder umzuwandeln. Indem er sich Wissen aneignet, vertraut und lernt. Er weiß, dass jeder Schaden und Verlust ein Gewinn ist, wenn man seine Perspektive ändert. Denn wenn du Zeit oder Geld investierst, ist das in beiden Fällen Energieaufwand. Warum solltest du also die Energie des kurzfristigen Schadens oder Verlustes einfach so verpuffen lassen, wenn du sie auch umwandeln kannst in Erkenntnisgewinn und Wissenserweiterung.

- Ein hohes Risiko bedeutet immer auch die Steigerung von Vertrauen. Zumindest nach dem Ereignis. Weil du die tatsächlich resultierende Konsequenz dann erst erkennen kannst. Danach hast du die Möglichkeit, auf die Situation im Schadenfall neu zu reagieren. Und eine Lösung zu finden. Sofern du immer mehr Risiko eingehst, wirst du merken, dass dein Selbstvertrauen enorm steigt.

- Frage dich stets, was du gewinnst, wenn du dich gegen ein Risiko entscheidest. Viele Menschen gehen niemals Risiken ein, aus Angst zu verlieren. Das ist jedoch das größte Risiko im Leben. Weil es dann an dir vorbeiläuft. Und die Zeit kannst du sicherlich nicht zurückgewinnen. Wer also nie etwas wagt, wird auch nie etwas gewinnen. Im Leben geht es aber um Anreicherung. So ist unser Gehirn konzipiert. Die Wahrscheinlichkeit, dass du keine Erkenntnis gewinnst, nichts lernst und dich nicht weiterentwickelst, ist also sehr hoch, wenn du nie etwas riskierst. Und so bleibst du dumm und unwissend.

- Was hast du wirklich zu verlieren? Stelle dir diese Frage bei jeder aufkommenden Angst. Oft ist man traumatisiert oder gelähmt durch Ereignisse aus der

Vergangenheit oder gehemmt durch die Glaubenssätze und Empfehlungen anderer. Die nur aus eigener Angst und fehlendem Mut resultieren. Was hast du also zu verlieren, das du dir nicht mehr zurückholen kannst. Ob Geld oder Menschen. Es ist selten der Fall, dass du beides gar nicht zurückgewinnen kannst. Geld kommt immer wieder. Und Menschen? Selbst, wenn du beim ersten Mal ein Nein bekommst, kann es beim zweiten Aufeinandertreffen ein Ja sein. Du solltest dich insbesondere an materielle Dinge nicht zu sehr klammern. Denn dein Kopf ist dein Kapital. Und mit ihm kannst du alles neu aufbauen und erreichen. Nach einem Verlust ist das sogar viel einfacher als vorher, weil du jetzt schlauer bist. Wenn du daraus lernst.

• Schreibe dir mal ein paar Erlebnisse oder Momente auf, bei denen es sich gelohnt hat, ein Risiko einzugehen. Nimm dir dafür wirklich mal etwas Zeit. Du wirst erstaunt sein, an welche Dinge du dich erinnerst. Die du bei all deinen Zweifeln vielleicht jahrelang verdrängt hast.

Jammern. Die toxische Gefahr des Selbstmitleides.

Erstmal sorry, dass ich hier das Wort *toxisch* benutze. Da es aktuell so inflationär verwendet wird, verliert es gerade ein wenig an Wert. Ach, weißt du was? Ich schreibe ab jetzt einfach *giftig*. Giftige Gefahr. Ist sogar eine Alliteration.

Also, das Jammern hat für mich eine besondere Bedeutung im Leben. Laut klagen, seufzen, stöhnen. Jemandem Schmerzen und Kummer, Ängste und Sorgen ständig zeigen. Heute kann ich glücklicherweise sagen, dass Jammern mich nervt. Das war mal anders. Denn auch ich habe früher gejammert. Sehr sogar. Das machen depressive Menschen eigentlich den ganzen Tag. Weil sie voller Gift sind. Ein Giftcocktail, der aus Traurigkeit, Niedergeschlagenheit, Ohnmacht, Antriebslosigkeit und einem großen Schuss Selbstmitleid besteht. Ich will eines vorwegnehmen. Ich war selbst einige Jahre depressiv. Ich würde behaupten, meine ganze Kindheit und Jugend leicht. Aber so richtig schwer im Alter von 17 bis 21 Jahren.

Ich habe in jungen Jahren sehr viel Negativität erfahren und aufgenommen. Die Hauptquelle dafür war mein Vater. Rückwirkend betrachtet, würde ich sagen, dass er selbst schwer depressiv war. Voller unterdrückter Gefühle. Und doch sprudelte täglich Wut, Hass und Zorn aus ihm heraus. Aggressivität. Unzufriedenheit. Ich nahm all das irgendwie auf. Obgleich ich schon ganz früh spürte, dass ich meinen Vater nicht mag. Dass ich nie wirklich eine Bindung zu ihm aufgebaut hatte. Seit ich denken kann. Doch du wirst als

Kind ja in so ein Familienkonstrukt hineingeboren. Bist abhängig. Machst irgendwie mit. Und auch sehr viel nach. Unbewusst. Und was passiert, wenn du viel negative Energie aufnimmst, selbst aber auch nicht lernst, Emotionen und Gefühle zu zeigen? Richtig. Deine Seele füllt sich mit Negativität. Mehr und mehr. Und ja, es gibt Momente, in denen sich der Körper davon freimacht. Wenn der Speicher zu voll ist. Mein Ventil war die Schule. Egal, ob bereits in der Grundschule oder dann auf dem Gymnasium. Ich habe viel scheiße gebaut und gehänselt. Ich habe all das, was mir aufgeladen wurde, bei anderen abgeladen. Egal, ob bei Lehrern oder Schülern. Oder auch wildfremden Personen. Ich bin da heute nicht stolz drauf. Doch es war damals die einzige Möglichkeit für mich, eine Balance herzustellen. Und es gab mir irgendwo auch eine Form der Stärke, die meine eigentliche Schwäche kompensierte.

Und obgleich ich meine Ventile regelmäßig aufdrehen konnte, wuchs das giftige Geflecht der Negativität in mir weiter. Doch ich fand eben immer Wege, das auszubalancieren. Um meinen Körper im Gleichgewicht zu halten. Auch, wenn ich von einem inneren Frieden meilenweit entfernt war. Nicht einmal wusste, was das überhaupt war. Doch eines änderte sich, als ich fünfzehn Jahre alt war. Mein Vater war nach der Trennung meiner Eltern ausgezogen. Diese Schreckensherrschaft zuhause war endlich vorbei. Ich fühlte mich frei, fand viel Verarbeitung in Partys und Alkohol. In einem Leben ohne Diktatur. Vielleicht wäre hier ein Wendepunkt möglich gewesen. Doch dann wurde diese Hoffnung im Keim erstickt. Mit einem Umzug. Entwurzelung. Der letzte Halt, die letzte Konstante und Verlässlichkeit wurde mir genommen. An dem neuen Ort fühlte ich mich nicht wohl, nicht geborgen. Meine Freunde waren nicht mehr so erreichbar wie vorher. Mein geliebter Bolzplatz, der mir so viel Kraft schenkte, einfach weg. Ich veränderte mich. Schraubte immer weniger Ventile auf. Fand immer weniger Balance. Es kam schleichend. Rückblickend kann ich das bewerten, ja. Damals war mir das alles nicht bewusst. Mein Speicher der Negativität wurde nicht mehr geleert. Traurigkeit fing an, meine Seele zu zerfressen. Das Leid übernahm die Kontrolle meines Körpers. Und von da an wurde es richtig hart. Ich hatte ja sechzehn Jahre lang nur funktioniert. Mir nie Gedanken über mein Leben gemacht. Doch ich kam in ein Alter, in dem ich erstmals reflektierte. Und wo so langsam und schleichend meine Kindheit in mir hochkam, die ich bis dahin tief in meiner Seele vergraben hatte. Ich kehrte mich nach innen. Zwei Jahre lang. Zunehmend. Dann wurde ich volljährig. Bekam meinen Führerschein, ein heißer Sommer. Ein junger Mann, voller Testosteron. Die Welt stand mir offen. Sollte man meinen. Doch meine Welt war so klein geworden. Du kannst dir nicht vorstellen, wie ohnmächtig ich mich fühlte. Magenprobleme. Übelkeit. Viel Psychosomatik. All das kam nach und nach auf. Doch die Ärzte sagten, alles sei gut. Super Werte, keine Tumore oder sonst irgendwelche Auffälligkeiten. Mir war damals nicht bewusst, was mir fehlte. Spürte nur, dass irgendetwas nicht stimmt. Ich verlor die Lust am Leben. Wollte nicht mehr aufstehen. Fühlte mich erdrückt von Problemen. Wollte eigentlich nur noch allein sein. An Aktivitäten nicht mehr teilnehmen. Entwickelte eine Essstörung. Und dann kam die krasseste Phase. Ich wollte nicht mehr leben. So oft kam ich abends nach dem Training zurück und überlegte, gegen den nächsten Baum zu fahren. Das hier alles einfach zu beenden. Dann gibt es keine Probleme mehr und ich bin endlich erlöst. Doch eine Stimme in mir sagte stets: »Henoch, du bist neunzehn Jahre alt. Das kann es noch nicht gewesen sein.« Und diese Stimme hat gewonnen. Bis heute.

Ich muss dir das hier einmal so ausführlich erzählen, wo ich herkomme. Damit du meinen Wandel verstehst. Noch im gleichen Jahr kam es damals dann zum völligen Zusammenbruch meines seelischen Kartenhauses. Es war genau ein spezieller Tag. Wo ich zuhause am Mittagstisch meine Emotionen nicht mehr zurückhalten konnte. Aufstand, in mein Zimmer ging. Und bitterlich weinte. Gefühlt waren es dreißig Minuten. Ich weiß es nicht mehr. Es schien mir so lang. Ja und danach war erstmal Ende. Krankgeschrieben. Nicht mehr in der Schule, machte gerade mein Abi. Dann konnte und wollte ich gar nichts mehr. Nur noch schlafen. Um den Problemen aus dem Weg zu gehen. Weil ich nicht wusste, welche ich wirklich habe. Und wenn du sie nicht kennst, kannst du sie auch nicht lösen. Dann zur Therapie. So eine kostenlose Anlaufstelle der Kleinstadt, in der ich lebte. Erstmal relativ oberflächlich. Familienaufstellung und so. Überhaupt mal reden über Gefühle. Das erste Mal in meinem Leben. Die Diagnose war dann *posttraumatische Belastungsstörung* oder *Erschöpfungssyndrom*. Für mich war es einfach nur der Nullpunkt. Doch eine Sache erkannte ich noch am selben Tag meines mentalen Zusammenbruches. Ich muss gar nichts. Nicht einmal leben. Denn ich hätte mir ja auch das Leben nehmen können. Wo ich doch oft kurz davor war, es zu tun. Ich entschied mich allerdings immer für das Leben. Und so kam mit meinem Tiefpunkt eigentlich schon der Wendepunkt. Und folgende Erkenntnis: Wenn ich nichts muss, nicht einmal leben, dann mache ich ja alles freiwillig. Und das war der Start meines Lebens. Vorher funktionierte ich nur. Doch von jetzt an sollte ich bestimmen, wie mein Leben läuft.

Ich sollte etwas ändern. Das signalisierte mein Körper ja ganz deutlich. Und nun wollte ich auch etwas ändern. Und weißt du, was mein Hauptantrieb war? Ich wollte nicht so werden wie mein Vater. Ich wollte nicht dieser depressive, negative, ständig zornige und jammernde Mensch werden. Und ich fühlte, dass ich auf dem besten Wege dorthin war. Zumal ich ihm optisch logischerweise sehr ähnlich war, meine Mutter mich zudem hin und wieder mit ihm verglich. Das wollte ich unter keinen Umständen. Und so war ich bereit, an mir zu arbeiten und mich zu ändern. Das, was mein Vater nie getan hat. Doch ich wollte mich meinen Dämonen stellen. Ich wollte nicht auch in diesem Selbstmitleid ertrinken. Das Gefühl vermitteln, die ganze Welt sei gegen mich. Und ich sei doch nur ein Opfer der Gesellschaft. Alle würden mich so ungerecht behandeln und überhaupt: Das Leben ist so scheiße. Ich wollte das nicht. Weil ich die guten Seiten am Leben sah, die positiven. Ich wollte was erleben, was erreichen. Etwas aus mir machen. Und so ging ich zu dieser Therapie. Obwohl ich so gar keine Lust hatte. Weil das so unfassbar hart ist. Aber ich wollte eben etwas verändern. Und das ging nur mit Hilfe. Das war für mich das größte Eingeständnis. Denn ich bin so groß geworden, immer alles allein zu regeln. Bloß keine Hilfe annehmen. Das lassen die Intelligenz und der Stolz doch nicht zu. Das ist doch Schwäche. Du kannst alles allein. Was für ein Schwachsinn. Aber davon war ich überzeugt. Ich imitierte das. Durch meinen Vater. Aber damit war nun Schluss.

Im Zuge der Therapie gab es immer Ups and Downs. Phasen, in denen es mir besser ging und ich motiviert war. Aber auch wieder Phasen, in denen ich keinen Sinn mehr im Leben sah und gar nicht aufstehen wollte. Man heilt halt nicht von heute auf morgen. Das ist ein langer Prozess. Vor allem, wenn man so lange mit der Hilfe und Aufarbeitung wartet. Deswegen kann ich jedem nur raten, so früh wie möglich zu einem Psychologen zu gehen. Wenn man wirklich das Gefühl hat, ich habe hier ein Thema, bei dem ich allein nicht weiterkomme. Das ist überhaupt nichts Schlimmes. Auch, wenn es in Deutschland als Schwäche angesehen wird. In den USA heißt das *Lifecoach* und ist etwas Cooles. Macht dich mental besser. Wir trainieren unsere Muskeln beim Sport, wir lassen uns von Ärzten helfen bei körperlichen Beschwerden. Nur für mentales Training sind wir nicht bereit, weil das eine Schwäche sein soll? Lächerlich. Und ergibt keinen Sinn. Glücklicherweise sind wir da gesellschaftlich auch schon weiter. Durch das Internet haben wir ja auch Zugang zu so vielen Informationen, Ratgebern, Psychologen, Coaches, Speakern und Persönlichkeitsentwicklern, sodass man sich eigentlich schon fast von zuhause oder unterwegs aus therapieren kann. Überspitzt gesagt. Die Gespräche mit einem Psychologen, die wichtig sind, wenn man eine starke Depression hat, ersetzt das nicht. Meine Meinung.

Doch im Optimalfall kommt es erst gar nicht so weit. Und du arbeitest schon vorher mental an dir. Und da sind wir jetzt auch beim Thema dieses Kapitels angekommen. Wer ständig nur jammert und im Selbstmitleid versinkt, der hat definitiv eine mentale Dysbalance. Höchstwahrscheinlich ist er mit seinem Leben sehr unzufrieden. So wie ich damals. Habe auch andauernd gejammert und mich beklagt, wie schlimm doch alles sei. Und immer nur mir widerfährt Schlechtes. Und weißt du was? Ja, genau. Nur dir widerfährt das Schlechte. Du bist der Auserwählte. Weil Gott oder das Universum dir etwas zeigen möchte. Vermutlich will dir jemand zeigen, dass du dich endlich ändern sollst. Dass du endlich anfangen sollst, zu leben. Deine Talente entdeckst, deine Potenziale nutzt. Dass du rausgehst und die kostbare Zeit auf dieser Welt nicht verschwendest. Mit Ängsten, Sorgen und Zweifeln. Da zeigt dir jemand, dass du nicht die ganze Schönheit der Schöpfung wertschätzt. Deinen gesunden Körper. Du hast Arme und Beine. Kannst sehen und hören, riechen und schmecken. Du hast so vieles bekommen, um etwas aus deinem Leben zu machen. Und doch sitzt du faul herum. Meinst, so schlau und weise zu sein. Anderen das Leben erklären zu können. Alles besser zu wissen. Und genau deshalb bekommst du all diesen Dreck zu spüren. Damit du dich endlich veränderst. Damit du Verantwortung übernimmst. Für dich und andere. Du bist nicht ohnmächtig. Du hast die Macht über dein Leben. Du entscheidest. Jeden Tag aufs Neue.

Ich möchte dir kurz etwas erzählen. Kann da aber nicht zu sehr ins Detail gehen. Aus Respekt vor dieser Person. Doch es zeigt, wie sich mein Verhältnis zum Jammern und Selbstmitleid verändert hat. Ich war zwei Jahre in Therapie. Übrigens nicht stationär. Ich hatte regelmäßig Termine bei einer Psychologin, doch mein Leben ging weiter. Nach einem Jahr ging ich auch wieder zur Schule und machte mein Abitur fertig. In dieser Zeit lernte ich im Alter von einundzwanzig Jahren eine Frau kennen. Eine Frau, mit der ich heute aus bestimmten Gründen nicht mehr zusammen bin. Doch neuneinhalb Jahre lang verbrachten wir unsere Zeit miteinander. Und sie ist bis heute jener Mensch im Leben, den ich am meisten respektiere. Nicht nur, weil sie der erste Mensch war, der mir bedingungslose Liebe schenkte, sondern weil sie so klein und doch so unfassbar stark ist. Weil ihr Charakter so krass, ihr Wesen so beeindruckend und der Wille zu kämpfen, so riesig ist. Im Alter von neunzehn Jahren erkrankte sie an Krebs. Lunge. So unwahrscheinlich. So ungerecht. Und doch eben Fakt. Ich habe das die ganze Zeit begleitet. Jeden Tag. Über zehn Jahre lang. Viermal hat sie diesen Krebs besiegt. Zweimal gaben ihr die Ärzte noch vier Wochen. Ich habe es ja nur miterlebt, aber nie selbst erfahren. Es muss so eine unfassbar harte Zeit für sie gewesen sein. Was man da körperlich und mental alles durchmacht. Wenn Schmerzen deinen Charakter verändern. Es muss die Hölle sein. Und das war es auch für mich. So ehrlich muss

ich sein. Denn wenn jemand neben dir liegt und fast erstickt, dann geht das auch an dir nicht vorbei. Wenn du jeden Tag damit rechnen musst, dass es heute vorbei sein
kann. Wenn deine Handlungen auch verantwortlich sind für
das Leben eines anderen. Dann macht das was mit dir. Darum geht es hier allerdings gar nicht. Für sie habe ich das
von Herzen gern und voller Liebe gemacht. Und würde es
auch immer wieder tun.

Viel wichtiger ist ja: Ich habe durch diese Erfahrung erkannt, dass meine Depression ein Witz ist. Ja genau: Lächerlich. Da liegt jemand neben dir, der kaum atmen kann,
voller Schmerzen und du jammerst hier rum, weil du
schlecht gelaunt bist. Traurig. Niedergeschlagen. Ohnmächtig. Warum? Dein Körper ist gesund. Steh auf. Lerne,
arbeite. Was auch immer. Aber bewege deinen Arsch und
schätze das Leben wert. Ihre Krankheit hat mich endgültig
geheilt. Weil ich verglichen habe. Ja, es heißt »Des Glückes
Tod ist der Vergleich«. Das sagt auch Dieter Lange, den ich
persönlich kenne und sehr schätze. Weil auch er mein Men-
tor ist. Dem stimme ich in einigen Bereichen auch zu. Doch
in diesem Fall widerspreche ich. Du hast gerade keine Lust,
zu laufen, weil dein Tag so stressig war? Denke doch mal an
all jene Menschen, die gerade im Krankenhaus liegen und
alles dafür geben würden, nur kurz einmal überhaupt gehen
zu können. Und du fühlst dich gestresst von der Arbeit und
willst lieber auf der Couch liegen, statt dich zu bewegen und

deinem Körper etwas Gutes zu tun. Das ist genau der Vergleich, der dir doch tief im Innern ein schlechtes Gewissen macht, oder? Weil du jetzt merkst, dass du dein Potenzial nicht ausschöpfst. Dass du eben nicht alles aus dir rausholst. Und du Gott oder dem Universum erneut signalisierst, wieder eine Lektion zu bekommen, um zu lernen und wertzuschätzen. Ich weiß, das klingt alles hart. Und doch ist es wahr. Bitte schreibe mir, wenn es anders ist. Sag mir bitte Bescheid, wenn du überall im Leben alles gibst und dennoch jammerst. Wer alles gibt, kann nicht unzufrieden sein. Wer alles aus sich rausholt, wird sich nicht selbst bemitleiden. Was meinst du, was ist das Gegenteil von Jammern? Denk mal kurz drüber nach. Wertschätzung ist das Gegenteil. Wer wertschätzt, kann nicht jammern. Ausgeschlossen. Um wertzuschätzen, musst du Werte allerdings auch erkennen. Bei dir und bei anderen.

Jammern ist für mich auch eine Form von Luxus. Luxus definieren wir als kostspieligen, verschwenderischen, den üblichen Rahmen (der Lebenshaltung) stark übersteigenden, nur dem Genuss und Vergnügen dienenden Aufwand. Passt das zum Jammern? Total, wie ich finde. Kostet Jammern etwas? Ja, nämlich Energie. Das Jammern an sich ändert einen Zustand meistens nicht. Es ändert sich erst etwas, wenn man ins Machen und Handeln kommt. Also, und damit sind wir beim zweiten Punkt, verschwendet man etwas. Nämlich Energie. Gilt das Jammern nur dem Genuss und dem Vergnügen? Auf den ersten Blick erstmal nicht. Doch was ist

Vergnügen. Vergnügen ist ja eigentlich der Teil eines Lebens, das nur den Trieben und Emotionen folgt. Du jammerst aus der Emotion heraus. Wenn du wirklich etwas an dem dich störenden Zustand ändern wolltest, würdest du ja daran arbeiten. Und Arbeit ist kein Vergnügen. Gleichzeitig ist Jammern auch ein Aufwand. Wie bereits geschrieben, ein verschwenderischer Energieaufwand.

Was ist eigentlich Selbstmitleid? Du bemitleidest dich selbst. Okay. Du hast vermutlich Ungerechtigkeit erfahren oder schlimme Dinge erlebt. Es ist menschlich, wenn wir Schmerz erfahren, dass wir anderen davon erzählen. Weil der Mensch eben ein Mitteilungsbedürfnis hat. Du schreist, um Hilfe zu bekommen. Du redest, weil geteiltes Leid bekanntlich halbes Leid ist. Das ist völlig normal und auch wichtig. Denn der Körper will Schmerzen immer loswerden. Sind sie ja ein Warnsignal, dass etwas nicht stimmt und Vorsicht geboten ist. Schmerzen bedeuten also, dass sich etwas verändern muss. Möglichst schnell. Und ich glaube, genau hier findet das Selbstmitleid seinen Ursprung. Schmerzen sollten stets von kurzer Dauer sein. Konzentrieren wir uns mal auf den seelischen Schmerz. Okay, du hast etwas sehr Schlimmes und Leidvolles erfahren. Wenn du sofort mit jemandem darüber sprichst, ausführlich genug, dann lässt der Schmerz sehr schnell nach. Du fühlst dich gehört und verstanden, konntest dich austauschen, hast eine andere Perspektive gehört, wurdest im Optimalfall motiviert und machst weiter. Du schenkst der Sache daraufhin gar nicht mehr so viel Aufmerksamkeit. Was ist allerdings, wenn du viel Schmerz und Leid erfährst, jedoch mit niemandem darüber sprichst? Weil du die falschen Menschen um dich herum hast, die viel zu sehr mit sich selbst beschäftigt sind, um deinen Schmerz zu teilen. Oder, weil du dich nicht öffnest, also nicht ehrlich und ausführlich darüber sprichst. Weil du vielleicht der Meinung bist, du bist es nicht wert, gehört zu werden. Weil du vielleicht der Meinung bist, du bist es nicht wert, deine Schmerzen mit anderen zu teilen. Ja, was denn dann? Wenn niemand sagt: »Oh weh, es ist wirklich schlimm, was du erlebt hast. So ungerecht und schmerzhaft. Es tut mir unglaublich leid für dich!« Wenn das ausbleibt. Wenn du das nicht hörst. Dann musst du dir dieses Gefühl irgendwann selbst geben. Dieses Selbstmitleid. Du musst dir ständig sagen, wie ungerecht das doch damals war. Das war es ja auch. Aber der Schmerz sollte längst vergangen sein. Du hast ihn nicht durch Gespräche verarbeitet. Du hast ihn mitgetragen. Und beklagst dich unterbewusst noch heute jeden Tag darüber. Und weil du das immer wieder so gemacht hast, mit all dem weiteren Schmerz, den du in deinem Leben erfahren hast, nie mit anderen richtig darüber geredet hast. Und der Schmerz sammelt sich. In all deinen Zellen. Gespeichert. Genau deshalb bemitleidest du dich einfach selbst. Wenn es kein anderer macht. Du klagst jeden Tag. Weil es so viel geworden ist, über das du nie ausführlich mit anderen gesprochen hast. Und dann fängst du an, wildfremde Menschen damit vollzuquatschen. Völlig unverhältnismäßig. Nutzt jede

Chance, über dein Leid zu klagen. Wie schlecht es dir doch geht. Und wie ungerecht alles ist.

Das kann sich sehr schnell zu einer Abwärtsspirale entwickeln. Denn die Leute wollen nicht dein Seelenmülleimer sein. Sie schauen sich gerne ein bisschen Abfall von dir an. Aber sie wollen keinen Müllwagen voll vor ihrer Tür abgeladen bekommen. Es ist immer eine Frage der Intensität. Wenn es zu viel ist, machen die Leute dicht. Und wenn du Menschen, Freunde oder Familie hast, mit denen du regelmäßig über den während eurer Beziehung entstehenden Schmerz sprichst, dann hören sie sich das auch gerne an. Und werden dir auch von ihrem Schmerz erzählen. Und dann kannst du auch mal zuhören und helfen. Und nicht gleich wieder von deinem Leid berichten. Das ist ein Geben und Nehmen. Und eine Frage des Ausmaßes. Man will sich nicht ein Leben lang die alten Kamellen anhören. Ständig wieder über den gleichen Müllwagen voll von Schmerz sprechen, der immer der gleiche ist. Der jede Woche auf seiner Tour zurückkommt. So wird eine Beziehung, egal auf welcher Ebene, nicht funktionieren. Selbstmitleid ist ein Zeichen für eine seelische und mentale Dysbalance. Du hast dich vorher nicht um die Verarbeitung deines Schmerzes, der völlig legitim und natürlich ist, gekümmert. Das ist deine Schuld. Und nicht die Schuld der Gesellschaft. Du solltest auf keinen Fall den nichtverarbeiteten Schmerz auf Dinge im Alltag projizieren. Das wird dich ins Unglück treiben und einer Depression immer näherbringen.

Es gibt einen Satz, den ich für mich entwickelt und zur Lebensphilosophie gemacht habe: Du darfst Opfer sein, aber nicht Opfer bleiben. Und genau das ist es. Ich war auch Opfer. Wir alle sind irgendwann mal Opfer. Doch wir müssen alles dafür tun, um uns aus der Opferrolle rauszuholen. So groß und schwer sie auch ist. Du musst dich davon befreien. Und das geht. Immer. Es ist halt Arbeit. Aber du bekommst im Leben nichts geschenkt. Nicht einmal Selbstmitleid. Denn das kostet unfassbar viel Energie. Und ganz viele Beziehungen.

Zusammenfassung und Aufgaben:

- Was glaubst du, sagt dein Rival zum Jammern und Selbstmitleid? Er hat da gar keinen Bock drauf und ist genervt davon. Weil er weiß, dass Jammern nichts ändert. Dein Rival ist sich bewusst, dass die Energie des Leids in Energie des Machens umgeleitet werden sollte.

- Dein Rival schätzt Körper, Geist und Seele wert. Er ist dankbar dafür, dass er gesund ist und weiß auch um die moralische Verpflichtung, seine Talente zu fördern und Potenziale auszuschöpfen. Gleichzeitig ist ihm bewusst, dass er sich glücklich schätzen kann, einen gesunden Körper zu haben, mit dem er fast alles erreichen kann. Dein Rival weiß um die Tatsache, dass viele Menschen nicht in der Lage sind, auf die volle Funktionsfähigkeit ihres Körpers zurückgreifen zu können. Temporär oder dauerhaft. Auch aus Respekt vor ihnen nörgelt er nicht an Kleinigkeiten herum.

Dein Rival empfindet auch Schmerz und Leid. Doch er spricht bei Bedarf schnell mit jemandem darüber. Damit er die negativen Erlebnisse direkt verarbeitet. Er weiß, dass es nicht gut ist, alles Negative in sich hineinzufressen und dort liegen zu lassen. Das Schlechte muss immer raus aus Körper, Geist und Seele. Und zwar sofort. Sonst frisst es dich und irgendwann auch andere auf.

- Schaue mal in deinem Umfeld, welche Menschen viel Jammern und im Selbstmitleid versinken. Dein Rival hat ihnen bereits dabei geholfen, aus der Opferrolle herauszukommen. Wenn er jedoch merkt, dass kein Wille zur Veränderung da ist, distanziert sich dein Rival vom Jammern und Selbstmitleid anderer, um sich selbst zu schützen.

- Schreibe dir mal ein paar Erlebnisse oder Momente auf, in denen du gejammert hast und im Selbstmitleid versunken bist, dich danach aber aus der Opferrolle gezogen hast und ins eigenmächtige Handeln gekommen bist. Du wirst erstaunt sein, an welche Dinge du dich erinnerst.

Motivation versus Disziplin. Ein Kampf, den nur einer gewinnen kann.

Wie definieren wir Motivation und Disziplin, sind das Gegenspieler oder bedingen sie sich einander? Lass uns dazu mal ein paar Dinge festhalten. Die Motivation ist der Beweggrund, etwas zu tun. Das sogenannte *Warum*. Warum ich entscheide, in eine Handlung zu kommen, beeinflusst von außen und innen. Im Umkehrschluss bedeutet die Abwesenheit von Motivation, etwas nicht zu tun. Eine Entscheidung zur Handlung bleibt demnach aus.

Kommen wir zur Disziplin. Disziplin bedeutet, eine gewisse Sache immer wieder zu tun. Kontinuierlich. Also bedingt die Existenz von Disziplin eine vorausgehende Handlung. Und eine Handlung setzt stets eine Motivation voraus. Somit sind Motivation und Disziplin schon einmal voneinander abhängig. Okay. Disziplin bedeutet per Definition »das Beherrschen des eigenen Willens, der eigenen Gefühle und Neigungen, um etwas zu erreichen.« Da steckt ja ganz viel drin. Beherrschen können wir mit Kontrollieren gleichsetzen. Und wenn man etwas erreichen will, muss man vorher ein Ziel definieren, dem man näherkommen möchte. Für ein Ziel benötigt man immer erstmal eine Motivation. Also einen Beweggrund, um überhaupt in eine Handlung zu kommen. Heißt: Ohne Motivation keine Disziplin. Was ist denn, wenn wir das Ganze jetzt umdrehen und sagen: Ohne Disziplin keine Motivation. Stimmt das? Nein. Denn um motiviert zu sein, brauchst du absolut keine Disziplin. Du kannst jeden Tag motiviert sein, dir die Zähne zu putzen.

Jeden Morgen und Abend kannst du es dir vornehmen. Ohne es jemals zu tun. Ohne jemals diszipliniert zu sein.

Und damit sind wir schon mal bei einem guten Beispiel. Das Zähneputzen. Ich gehe davon aus, dass du dir zweimal am Tag deine Zähne putzt. Morgens und abends. Was bedeutet das? Zunächst einmal hast du deshalb vermutlich gesunde Zähne. Glückwunsch dazu. Und zum anderen beweist es, dass du diszipliniert bist. Also, wann immer dir jemand vorwirft, du hättest keine Disziplin, dann ist das gelogen. Denn jeder Mensch hat sie. Nur nicht in jedem Bereich. Aber sie ist da. Von Natur aus. Man muss sie nur trainieren. Sie ist wie ein Muskel. Aber wir prüfen erst nochmal, ob das Zähneputzen wirklich die Disziplin bedingt. Wie oft lagen wir abends schon im Bett. Eigentlich bereit zum Schlafen. Aber noch mit ungeputzten Zähnen. Wie oft hat man das Zähneputzen hinausgezögert, weil man einfach keine Lust hatte, aufzustehen. Sich drei Minuten Zeit zu nehmen. Wie lächerlich eigentlich. Aber bittere Wahrheit. Ich kenne das auch, wenn die Waschmaschine fertig ist und die saubere Wäsche aufgehängt werden muss. Oder die Kontaktlinsen. Boah, das dauert dreißig Sekunden. Und doch fehlt einem so oft die Motivation. Man hat einfach keinen Bock drauf. Und doch macht man es am Ende. Warum? Weil du weißt, was passiert, wenn du all das nicht tust. Wenn du deine Zähne nicht putzt, vergammeln sie. Wenn du die Wäsche nicht aufhängst, hast du morgen nichts Trockenes und Sauberes zum Anziehen. Und wenn du die Kontaktlinsen nicht rausnimmst und sauber machst, wird morgen der Sehkomfort beeinträchtigt sein. Und das ist meine Motivation, mein Beweggrund es dennoch zu tun. Das übergeordnete Ziel, all das nicht haben zu wollen. Und weil ich ein höheres Ziel habe, das keine Rücksicht auf meine Gefühle und Neigungen nimmt, stehe ich dennoch auf. Obwohl ich, wie man so schön sagt, keine Motivation habe. Die hatte ich aber anfangs. Irgendwann habe ich mal entschieden, dass ich mir regelmäßig die Zähne putzen will. Oder sagen wir mal meine Eltern. Sie haben mir dann durch das Beherrschen meiner Emotionen die Disziplin angelernt, das weiterhin zu tun, obwohl sie nicht mehr über mich entscheiden. Ich habe im nervigen Störfaktor der Unlust die Sinnhaftigkeit des Zähneputzens irgendwann verstanden. Und mich entschieden, dafür die Disziplin zu entwickeln. Und entgegen meiner Gefühle und Neigungen starte ich die Handlung jeden Tag zweimal. Morgens und abends.

In welchen Lebensbereichen fehlt es Menschen denn oft an Disziplin? Also wo beherrschen viele Leute häufig ihre Emotionen nicht, obwohl sie eigentlich ein Ziel definiert haben, das sie erreichen wollen und welches eine positive Veränderung herbeiführt. Körperlich zum Beispiel. Da gibt es den Sport oder das Essen. Zwei Dinge, bei denen man sehr schnell in der Gesellschaft über Disziplin spricht. Beim Sport ist es ähnlich wie beim Zähneputzen. Einmal motiviert zu sein, reicht nicht. Denn Wachstum lebt, genau wie Sauberkeit, von Kontinuität. Und dieser Begriff ist ein wichtiger Begleiter von Motivation und Disziplin. Je öfter man motiviert ist, desto wahrscheinlicher erreicht man das große und zu Beginn definierte Ziel. Doch eines ist ganz sicher. Es wird der Tag kommen, und es wird niemals der letzte sein, an dem du nicht motiviert bist. Was dann? Um eine Kontinuität zu gewährleisten, musst du regelmäßig putzen oder regelmäßig trainieren. Fehlt dir dafür die Motivation, muss die Disziplin übernehmen. Denn wenn du keine Motivation hast, blockieren gerade deine Gefühle und Neigungen, dass du in die Handlung kommst, um durch Kontinuität deinem großen Ziel näherzukommen. Vereinfacht gesagt: Diszipliniert bist du, wenn du keinen Bock auf Training hast, aber trotzdem gehst. Ich kenne das bei mir selbst auch. Seit Ewigkeiten vom Fußball. Und ich liebe diesen Sport. Er ist mein Leben. Doch es gibt Tage, da hat man einfach gar keinen Bock auf Training. Du bist irgendwie müde, gestresst, hast keine Lust auf den Weg dorthin oder sonst irgendeine demotivierende Befindlichkeit. Aber ich gehe trotzdem. Und ich benutze hier ausnahmsweise mal das Wort *trotzdem*. Weil ich es normalerweise aus meinem Wortschatz gestrichen und durch *dennoch* ersetzt habe. Denn wann reagiere ich denn schon ernsthaft mit Trotz? Selten. Außer eben im Moment der Disziplin. Da trotze ich meinen Emotionen und raffe mich auf. Weil ich das große Ziel sehe. Und dafür muss ich kontinuierlich trainieren. Sonst werde ich unfit und schlechter. Und auf keinen Fall besser. Was mir beim Fußball oder Sport allgemein auch hilft, diszipliniert zu sein, ist ein Zwischenziel. Nämlich das Gefühl danach. Denn nach jeder Einheit geht es mir so unfassbar gut. Bin zufrieden und glücklich, könnte gar Bäume ausreißen. Spüre einen körperlichen und seelischen Frieden. Gefühlt ist es sogar so: Je weniger Bock ich vor dem Training hatte, desto besser ging es mir danach. Als würde Gott oder das Universum mich belohnen wollen, weil ich trotzdem durchgezogen habe. Dieses Zwischenziel erleich-

tert das Besiegen der Emotionen. Aber da ich seit zweiund-
dreißig Jahren freiwillig im Verein Fußball spiele, hält sich
das Überwinden bei mir glücklicherweise in Grenzen.

Anders sieht es da beim Kraftsport und Essen aus. Da ist
meine Disziplin noch nicht so alt. Und ich muss so oft
kämpfen. So oft diszipliniert sein. Ich erkläre dir einmal
kurz, was ich da unter anderem mache. Fangen wir beim Essen an. Vor anderthalb Jahren habe ich mich mit dem Fasten beschäftigt. Dieter Lange brachte mich darauf. Und so
probierte ich es einfach einmal aus. Ohne große Vorbereitung. Einfach machen. Ich hatte so Angst davor. Denn du
musst wissen, fast mein ganzes Leben lang lebte ich mit der
Sorge, zu verhungern. Das ist kein Scherz. Wohin ich auch
ging, ich packte mir immer irgendetwas zu essen für den
Notfall ein. Das wurde richtig krankhaft. Ich war so abhängig vom Essen. Deswegen war das Fasten eine riesige Challenge für mich. Ich kürze es ab. Es war eine der besten Erfahrungen meines Lebens. Vier Tage lang. Und ich habe es
überlebt. Welch Wunder. Das stärkte das Vertrauen in meinen Körper nochmal enorm. Ich machte das nicht, um abzunehmen. Ich war nie dick. Immer schlank. Für mich waren vor allem die gesundheitlichen Effekte so interessant.
Die reinigende und heilende Kraft des Fastens. Ja, und danach entschied ich mich, dauerhaft Intervallfasten zu machen. Weil ich den Prozess der Autophagie im Körper so
spannend und wichtig fand. Ich erkläre dir eben schnell,
was das ist. Autophagie bedeutet eigentlich Selbstverstüm-
melung. Bitte was? Klingt heftiger, als es ist. Wenn du deinem Körper über einen längeren Zeitraum keine Nahrung,
sprich Energie, von außen zuführst, muss er ja dennoch all

deine Funktionen im Körper aufrecht erhalten. Dafür benötigt er Energie. Also schaut er sich in deinem Körper um, was er verwerten kann. Da bedient er sich natürlich erst einmal an allem, was überflüssig ist. Und das sind beispielsweise Zellmüll, falsch gefaltete Proteine, Krebszellen oder auch Fettpolster. All das, was durch den Verzehrüberfluss Krankheit im Körper anrichten kann. Bedeutet ja letztendlich, wenn du das regelmäßig machst, dass es kaum die Chance für Wachstum kranker Zellen gibt. Es passiert sogar noch was Krasseres. Die Zellen verjüngen sich durch das Fasten. Du kannst dir mehr darüber einfach mal in Ruhe durchlesen. Intervallfasten ist eigentlich die typische Ernährungsweise aus der Steinzeit. Unser Körper hat sich physiologisch seither kaum verändert. Unser Lebensstil allerdings komplett. Früher hattest du keine Vorräte. Morgens nach dem Aufstehen gab es kein Frühstück. Deswegen heißt es übrigens auch *breakfast* im Englischen. Fasten brechen. Verstehst du? Du musstest erstmal jagen gehen, dir dein Essen verdienen. Durch Bewegung. In dem Moment griff der Körper vorübergehend auf das Schadhafte und das Fett in deinem Körper zu. Da gab es kein Übergewicht. Du konntest gar nicht dick werden. Weil du ein paar Tage auch mal erfolglos warst in der Jagd. Und dann hast du im Optimalfall vielleicht mittags oder abends deine Beute verspeist. Genau dieses Szenario versuche ich durch Intervallfasten zu simulieren. Einen gewissen Mangel zu erzeugen. Um die gesundheitlichen Begleiterscheinungen zu nutzen. Dass es als Nebeneffekt noch ein sichtbares Sixpack gibt, das nehme ich natürlich dankend an. Und auch den Respekt, der mir entgegengebracht wird, dass ich in meinem

Alter so gut in Form bin. Das tut natürlich auch gut und ist zusätzlich eine Motivation, weiterzumachen.

Nun intervallfaste ich seit etwa anderthalb Jahren. Und zwar jeden Tag. Ohne Ausnahme. Und du kannst jeden fragen, der mich kennt. Ich ziehe das sehr konsequent durch. Wird mir im Büro ein Frühstück angeboten, sage ich Nein. Bei einem Meeting am Morgen vielleicht einen Kaffee? Natürlich, gern. Mit Zucker? Nein, danke. Ich faste noch. Die ersten Wochen und Monate hatte ich morgens so einen unfassbaren Hunger, das kannst du dir nicht vorstellen. In diesen Momenten greift wieder die Disziplin. Das Beherrschen der Emotionen. Das ein oder andere Mal hat man zu Beginn auch echte Konzentrationsschwierigkeiten. Aber da muss man eben durch. Körper und Kopf gewöhnen sich irgendwann daran. Neulich hatte ich nochmal eine Grenzerfahrung damit. Ich war abends im Gym. Habe hart trainiert. Danach esse ich immer noch richtig gut vor dem Schlafengehen. Aber dann gibt es so einen manchen Morgen, wo du mit dem Aufstehen schon Hunger hast, weil du abends eben so krass trainiert hast und dein Glykogenspeicher schon leer ist. So auch an diesem Dienstag im Mai. Zusätzlich stand mir der Auftritt bei einer TV-Show des ZDF in Berlin bevor. Um elf Uhr sollte es losgehen. Eine eklige Zeit. Da ich meistens gegen zwölf Uhr mittags esse und vorher schon zunehmend Hunger bekomme. Aber es war mir egal. Denn ich wollte diszipliniert bleiben und durchziehen. Außerdem, und das nahm ich mir zur Challenge, wenn du richtig gut und ein cooler Typ sein willst, dann musst du immer performen können. Ob du müde bist oder hungrig. Ohne Ausreden. Und die suchte ich auch nicht. Ich überwand meine Gefühle und Neigungen. Und trat mit unfassbarem Hunger im Fernsehen auf. So manches Mal viel es mir schwer, mich zu konzentrieren. Man ist zusätzlich auch noch etwas angespannt. Wurden ja heikle Themen besprochen. Und so merkte ich, dass ich ab und zu mit Wortfindungsstörungen zu kämpfen hatte. Das fiel nach außen hin gar nicht auf. Aber man kennt sich selbst ja am besten. Doch ich wollte diesen Kampf ja auch. Um es mir allein zu beweisen. Das war mein Ziel und dafür musste ich diszipliniert sein. Ich habe es durchgezogen.

Ich habe mir noch eine weitere Challenge auferlegt. Allerdings sportlicher Art. Ich mache jeden Tag mindestens hundert Liegestütze und mindestens dreißig Klimmzüge. Mittlerweile im Schnitt sogar mehr. Und auch hier ziehe ich konsequent durch. Egal, wie das Wetter ist. Egal, wie müde ich bin. Ob ich vorher Fußballtraining hatte. Ich mache es einfach. Punkt. Ohne Ausreden. Das trainiert die Disziplin so unfassbar krass. Und neben der mentalen Stärke, schenkt dir diese Challenge, insbesondere in Kombination mit dem Intervallfasten, einen krassen Körper. Ich hatte noch nie ein so gutes körperliches Erscheinungsbild wie heute. Mit 39 Jahren. Und ich fühlte mich auch mental noch nie so stark wie heute. Da spielt auch diese Challenge mit rein. Strong Body, strong Mind. So heißt es ja. Und so ist es auch. Allerdings ist meine mentale Stärke auch ohne Sport schon sehr krass geworden. Doch er hilft eben. Und auch bei dieser Challenge habe ich manchmal absolut keine Lust. Es gab schon Tage, da habe ich um 23 Uhr noch keine Liegestütze und noch keinen Klimmzug gemacht. Und liege schon zuhause im Bett. Ihr wisst, wie hart dieser Moment ist. Aber ich will wachsen, körperlich und mental. Und deswegen stehe ich auf. Schreie vielleicht einmal kurz, weil ich so wenig motiviert bin. Und dann geht's los. Klimmzüge muss ich immer draußen machen. Das ist dann auch noch eine Extrahürde. Und danach bin ich so stolz auf mich. Die Ergebnisse siehst du nicht nach einem Tag. Aber nach dreißig. Die Ergebnisse siehst du nicht nach zwei Tagen. Aber nach sechzig. Es ist die Kontinuität, die das Wachstum bringt. Die Motivation hilft beim Einsteigen. Die Disziplin fährt dich ans Ziel. Und weißt du, was das Krasse ist? Durch das Intervallfasten und das tägliche Krafttraining übertrage ich diese Überwindungen der Emotionen auch auf andere Bereiche. So war ich früher sehr schnell ungeduldig, wenn ich hungrig war. Heute gehe ich durch die erlernte Disziplin viel geduldiger mit herausfordernden Lebenssituationen um. Oder auch durch das Durchziehen beim Krafttraining. Ich mache seit sechzehn Jahren regelmäßig Fitness. Nicht falsch verstehen, bitte. Aber täglich so durchzuziehen, das hat mein Mindset nochmal anders verändert. Und das zeigt sich dann eben auch in anderen Momenten des Lebens. Du überträgst diese Disziplin. Ich merke jetzt viel mehr noch als früher, wie sehr ich mich anstrenge, um ein Ziel zu erreichen. Das hat jetzt einfach ein anderes Level erreicht. Weil ich, wie anfangs einmal erwähnt, den Muskel der Disziplin viel stärker trainiert habe.

Ich zeige dir noch ein Beispiel für Disziplin aus meiner Businesswelt. Im Jahr 2015 habe ich meine Fashionbrand Bolzplatzkind gegründet. Ohne Geld und ohne Follower. Ich kannte auch keinen Prominenten. Ich habe wirklich ganz unten angefangen. Mit nichts. Jetzt kurzer Sprung.

Zwei Jahre später. Das Jahr 2017. Bolzplatzkind erfährt den größten Hype seiner Unternehmensgeschichte. TV-Sender berichten über meine Marke. Fußballprofis, Moderatoren, Schauspieler, Sänger, Comedians. So viele prominente Persönlichkeiten tragen meine Hoodies, Shirts oder Caps. Zigtausende Kunden bestellen in meinem Onlineshop. Große Stars kennen mich und sprechen über Bolzplatzkind. Was für ein Erfolg. Objektiv von außen, aber vor allem auch subjektiv für mich persönlich. Weil ich ja weiß, wo ich herkomme. Und dann sagt manch einer zu mir: »Ja, deinen Job hätte ich auch gerne. Drei Posts am Tag und den Rest einfach Eier schaukeln.« Nun, so kommt das dann eben bei manchen Leuten an. Sie wissen nicht, wieviel Fleiß und insbesondere Disziplin dahinterstecken. Jeden Tag hing ich vor meinem Handy. Auf Instagram. Likte und kommentierte Beiträge. Beantwortete Fragen. Postete. Beobachtete. Akquirierte. Nicht jeden Tag und jede Minute hat das Spaß gemacht. Nicht jeden Tag war ich motiviert von morgens um sieben bis abends um elf zu arbeiten. Ich musste mich oft überwinden. Dennoch kreativ sein. Innovativ. Immer weitermachen. Natürlich lebte ich in diesem Jahr und auch im Folgejahr einen einzigen Traum. Zwei zu krasse Jahre. Wirklich. Aber es waren eben zwei Jahre Disziplin vonnöten. Vorher. Was natürlich die wenigsten sehen. Und dann meinen sie, auch eine Fashionbrand starten zu wollen. Weißt du, was dann passiert? Die meisten starten gar nicht erst. Sie sind zwar für den Moment motiviert, aber sie kommen nicht einmal ins Handeln, weil jegliche Disziplin fehlt und beim ersten Widerstand gleich aufgegeben wird. Dann gibt es jene, die anfangen, zu Beginn auch super motiviert sind und jeden Tag posten. Nun bleiben Feedback und Erfolg aber erstmal aus, dann posten sie nur noch einmal die Woche etwas. Jetzt nur noch monatlich und nach spätestens einem halben Jahr ist Schluss. Keine Disziplin. Sie konnten ihre Gefühle und Neigungen nicht kontrollieren. Nicht durchziehen. Sie konnten all den Verlockungen der Ablenkung nicht widerstehen. Partys waren wichtiger. Freunde treffen. Urlaub machen. Sie hatten anfangs zwar ein großes Ziel. Doch ihnen fehlte in den entscheidenden Momenten, wenn die Motivation im Keller war, dann fehlte ihnen die Disziplin, kontinuierlich weiterzumachen. Um zu wachsen. Und um irgendwann das selbstgesteckte Ziel zu erreichen.

Zusammenfassung und Aufgaben:

- Den Kampf zwischen Motivation und Disziplin kann nur einer gewinnen. Nämlich du.

- Wie geht dein Rival mit Disziplin um? Dein Gegenspieler ist seit einiger Zeit in vielen Bereichen sehr diszipliniert. Er kann seine Emotionen, Gefühle und Neigungen kontrollieren und all den Verlockungen, der Ablenkung von seinem großen Ziel, widerstehen. Dadurch erreicht er bereits das, wovon du noch träumst.

- Disziplin ist wie ein Muskel. Du kannst ihn trainieren. Je stärker er wird, desto mehr Lebenssituationen wird er dominieren. Das bedeutet nicht, dass du deine

Emotionen generell abschaltest. Sondern nur in Momenten, in denen sie dich von einer Handlung abhalten, die dich durch kontinuierliche Wiederholung deinem großen Ziel näherbringt.

- Starte für dich selbst mal eine Challenge. Egal, wie groß sie ist. Eine Challenge, die deine Disziplin trainiert. Jeden Tag 20 Squats nach dem Aufstehen. Jeden Tag. Ohne Ausnahme. Oder du schreibst bei Instagram und LinkedIn jeden Tag drei Leute an, um sie als Businesspartner zu gewinnen. Oder du sprichst jeden Tag einen fremden Menschen an. Warum auch immer. Aber du machst es täglich. Ohne Ausrede. Lass dir eine Challenge einfallen. Was wirklich Neues. Und mache sie dreißig Tage lang. Dann schaust du, wie sich deine Disziplin verändert.

- Schreibe dir mal ein paar Erlebnisse oder Momente auf, in denen du undiszipliniert warst. Wo du dieses eine große Ziel hattest und anfangs auch richtig motiviert warst. Und dann doch relativ schnell aufgegeben hast. Weil du undiszipliniert warst. Finde mal heraus, welche Emotionen du damals nicht kontrollieren konntest und vor allem warum. Vielleicht ermöglicht deine Antwort einen zweiten Versuch.

Wollen die Menschen wirklich dein Bestes? Die wahre Motivation hinter gut gemeinten Tipps.

Wir kennen das alle. Man ringt gerade mit einer sehr schwierigen Entscheidung. Nehmen wir als Beispiel mal jemanden, der überlegt, eine Weltreise anzutreten. Nachdem er sein Abitur gerade gemacht hat. Nun fragt er seinen besten Freund, was er davon hält. Es gibt da ja eigentlich zwei Optionen. Entweder, er liefert seinem besten Freund Argumente, sich für die Weltreise zu entscheiden. Oder er versucht, ihn von dem Gedanken abzubringen. Wie würde sich dein bester Kumpel oder deine beste Freundin entscheiden? Die Antwort hat ganz viel mit dem Ego desjenigen zu tun, der nun Tipps und Ratschläge geben soll. Der beste Kumpel hat vielleicht keine Lust, ein Jahr auf seinen engsten Freund zu verzichten. Mit wem soll er denn so viel lachen, auf Partys gehen oder in den Urlaub fahren? Im Vordergrund stehen bei solchen Gedanken natürlich persönliche Bedürfnisse. Es würde einem also selbst etwas fehlen und das Leben würde an Qualität verlieren. Ist doch alles gerade so einfach und eine Veränderung würde da Anstrengung bedeuten. Bei dieser Denkweise suchen die Leute dann gerne Gründe, die gegen eine Weltreise sprechen. Und versuchen, dem besten Freund die Idee madig zu reden. Dann kommen so Aussagen wie »Ja, Digga. Aber ist auch gefährlich allein so im Ausland. Gerade, wenn du die Sprache und so nicht sprichst. Verstehst du? Ich weiß nicht.« Und dann hört der andere darauf und entscheidet sich dagegen. Geht manchmal sehr schnell. Weil man selbst eh gezweifelt hat und der Support ausbleibt. Für den Kumpel ist dann alles gut. Weil für ihn das Leben glücklicherweise genauso weitergeht.

Dann gibt es auch Momente, in denen du gerade merkst, dass dein Kumpel nicht ehrlich mit dir ist. Und das ist auch manchmal schon der Anfang vom Ende einer sehr guten Freundschaft. Was gerade in jüngeren Jahren oft passiert. Nun, ich sage, genau so eine Weltreise ist eigentlich der beste Prüfstein dafür, wie es um eine Freundschaft und die wahre Liebe steht. Mit der Liebe auf allen Ebenen. Ob Beziehung oder Freundschaft. Es kann sich auch genauso gut um eine junge Frau handeln, die mit ihrem Freund seit drei Jahren zusammen ist. Und ebenfalls Abitur gemacht hat. Jetzt auf Weltreise gehen möchte. Wird ihr Freund sie unterstützen? Das könnte für beide das Ende der Beziehung bedeuten. Oder er versucht, ihr das auszureden. Damit sie zusammenbleiben können. Auch hier kickt für ihn das Ego rein. Und meine Meinung ist: Wenn du wirklich das Beste für diese Person möchtest. Wenn du sie wirklich aufrichtig liebst. Dann lässt du sie gehen. Wenn du einem Menschen von Herzen nur das Beste wünschst, darf dein Ego keine Rolle spielen, wenn du für ihn dabei zukünftig keine Rolle mehr spielst. Sonst ging es ja nur um dich. Das ist schwierig, aber ein Gradmesser dafür, wie wichtig dir sein Bestes am Ende wirklich ist.

Ich habe das selbst erlebt. Auch ich ließ einen geliebten Menschen gehen. Weil ich wusste, dass es für ihn das Beste ist. Nur durch Abstand war für sie ein Fortschritt möglich. Nur durch Abschied gab es für sie ein Weiterkommen. Ich war nie eifersüchtig auf einen Nachfolger, der natürlich auch kam. Weil ich sie von Herzen liebe. Und diese Akzeptanz eben ein Teil davon war, dass sie ein besseres Leben hat. Mein Ego habe ich dafür zurückgestellt. Es war ein harter Kampf. Der niemals wirklich enden wird. Und doch weiß ich, dass es für sie das Beste war. Und genau das habe ich ihr ja immer gewünscht. Alles andere wäre also Heuchelei gewesen. Denn wenn Liebe nicht wehtun kann, dann ist es keine Liebe. Auch ein Gradmesser.

Du hast sicherlich gerade beim Lesen über ein paar ähnliche Situationen in deinem Leben nachgedacht. Weil wir alle irgendwie schon mal damit konfrontiert wurden. Und wenn wir sowas schon mit sehr engen Freunden erleben, wie sieht es dann eigentlich mit den Tipps und Ratschlägen von ganz normalen Menschen in deinem Umfeld aus? Oder von Fremden. Man bekommt im Alltag ja so viel Feedback. Welches nimmt man ernst und welches nicht? Das ist eine richtig schwierige Entscheidung. Ich war irgendwann einmal in meinem Leben an dem Punkt, wo ich Feedback echt filtern wollte. Oder musste. So richtig ging das eigentlich los durch das Entstehen von Shitstorms im Social Web. Ich habe 2012 mit einer Satireseite angefangen. Zwei Jahre später folgte eine zweite. Damals konnte man wirklich noch alles raushauen. Und dennoch gab es auch damals immer jemanden, der sich persönlich angegriffen fühlt und Satire nicht von echter Meinung trennen kann. So ging es dann mit den ersten Shitstorms los. Es folgten weitere, und je mehr Follower und Reichweite man generierte, desto intensiver wurden sie. Bei meinem Unternehmen Bolzplatzkind war das dann später nicht anders. Je größer und erfolgreicher du wirst, desto mehr Kritik und Gegenwind, Hass und Hetze erfährst du. Und ich sage euch auch: Das hält nicht jeder aus. Dafür muss man schon sehr stark sein. Das reicht von persönlichen Beleidigungen bis hin zu Morddrohungen. Du liest dann teilweise Tausende Kommentare unter deinem Beitrag. Und musst jetzt eben filtern für dich. Was nimmst du ernst und was nicht. Ich bin so ein Mensch, der jeden Kommentar liest. Weil ich das wichtig finde. Einfach nur posten und dann nie wieder reinschauen. So funktioniert das Social Web in meinen Augen nicht. Das ist ein Miteinander. Interaktiv. Und wer Feedback nicht erträgt oder verdrängt, der geht ja auch einer unbequemen Konfrontation aus dem Weg. Aber du musst es halt vernünftig einschätzen können.

Und so stellte sich mir irgendwann die Frage: Wer sagt eigentlich was und warum sagt er das? Du willst die Leute und das Feedback ja verstehen. Schauen, ob man daraus lernen kann. Und als Person des öffentlichen Lebens oder bekannte Marke stellst du dann schon ein gewisses Muster fest. Es beleidigen dich keine Menschen, die erfolgreicher sind als du. Bei Beiträgen, für die du einen enormen Zuspruch erfährst, kommt immer irgendwann einer, der aus Prinzip etwas dagegen schreibt (Reaktanztheorie). Wenn du polarisierende Posts raushaust, triggerst du immer jemanden, der ein tiefliegendes Problem mit der von dir angesprochenen Thematik hat. Deine Worte dringen so tief in diesen Menschen ein, dass sein Selbstverständnis der Welt derart aufgewühlt wurde und er sich somit nur noch emotional und dann oft unsachlich verteidigen kann. Auch merkst du, wenn Menschen Wahrheiten nicht akzeptieren, ertragen oder aushalten können. Dann kommen oftmals traumatisch-kindliche Abwehrhaltungen ins Spiel, die in Form von Beleidigungen, Hass oder Hetze geäußert werden.

Und wenn du dir dessen bewusst bist, nimmst du dir viele Äußerungen gar nicht so zu Herzen. Weil du lernst, zu verstehen, mit welcher Motivation sich Menschen zu Wort melden. Kritisieren, Pöbeln oder was auch immer. Das Gleiche erlebte ich auch mit positivem Feedback. Da gibt es dann Menschen, die einige Zeit nette Kommentare schreiben unter den Beiträgen. Dich supporten und loben. Und dann kommt irgendwann eine Nachricht. Und dann wollen sie was von dir. Und irgendwie hattest du vorher schon so ein Gefühl, dass das Feedback zuvor nicht so wirklich echt war. Auch hier war das Motiv des Feedbacks ein anderes. Auch, wenn es positiv war. Und so gehe ich seit einiger Zeit viel entspannter durchs Leben. Weil ich mich stets vorher frage, warum sagt ein Mensch mir etwas Gutes oder Schlechtes. Es gibt Personen in meinem Umfeld, bei denen ich wirklich zu 100% weiß, die wollen nur mein Bestes. Und gönnen mir alles Glück und allen Erfolg der Welt. Aber, dann gibt es eben auch jene, die dir so lange nur das Beste wünschen, bis du nicht besser bist als sie. Nur so lange, wie du weniger Erfolg hast als sie. Und dann kommen plötzlich so seltsame Tipps, die dich klein halten sollen. Ich habe das alles schon erlebt. Du ja auch. Und das ist krass. Manchmal dauert es Jahre. Und manchmal geht eine Freundschaft durch sowas auch kaputt. Mit den Jahren entwickelst du ein Gespür dafür, wer dir wirklich nur das Beste wünscht. Wer dir wirklich helfen will. Es sind echt wenige. Doch es gibt sie. Und das sind dann auch meistens Freunde fürs Leben. Es gibt immer so Prüfsteine, Momente und Situationen, in denen sich das entscheidet. Und da sollte man immer wach sein und gut beobachten.

Oft sind die Tipps und Ratschläge der anderen aber auch einfach nur die Grenzen ihres eigenen Horizontes. Manche meinen es gar nicht böse. Manche hätten selber wirklich Angst, eine Weltreise zu machen. Und weil sie sich nicht trauen, denken sie, dass du dich auch nicht trauen wirst. Das ist schon sehr einfach gedacht. Und auch nicht wirklich mein Anspruch für eine seriöse Beziehung. Dann lebt die Person ja sowieso völlig in ihrer eigenen egozentrischen Welt. So nach dem Motto: Wenn ich Hunger habe, hast du auch Hunger. Und wenn ich das nicht erreichen kann, schaffst du das auch nicht. Völlig stumpf. Gibt es einige Menschen von. Aber nicht in meinem engeren Kreis.

Was ich an dieser Stelle einmal erwähnen möchte: Natürlich sollst du jetzt nicht jede Aussage eines Menschen hinterfragen. Dann zerdenkt man ja wirklich alles und erschwert sich sein Leben enorm. Es gibt bei manchen Aussagen anderer aber eine innere Stimme, die dir sagt, dass du diesen Kommentar einmal prüfen solltest. Du wirst das merken. Das Bauchgefühl meldet sich. Ganz kurz. Achte darauf. Und dann kannst du die Aussage einmal abchecken. Dann kannst du kurz überlegen, warum derjenige das gerade sagt. Was ist seine Motivation?

Ich will nochmal ein Bild skizzieren. Damit du endgültig verstehst, was ich meine. Da gibt es einen Influencer. Ich hasse dieses Wort. Aber jeder weiß, was gemeint ist. Der postet einen Beitrag, wo er gerade Krafttraining macht, und man sieht seinen Oberkörper. Mit viel Muskeln und wenig Körperfett. Dann setzt sich ein Toyota-Thorsten vor den Rechner und kommentiert: »Wie peinlich sowas zu posten.

Da bin ich ja froh noch Spass an Leben zu haben und mir mein Burger mit Pommes zu gönn!!!1!11« (Die Fehler habe ich extra eingebaut, um es möglichst authentisch zu gestalten). Nun. Was passiert hier? Toyota-Thorsten hat Angst, selbst nicht genug zu sein. Er sieht einen sogenannten Wunschkörper, welcher durch viel Fleiß und Disziplin geschaffen wurde. Weil er gerade merkt, dass er vermutlich zu schwach ist, so etwas selbst zu erreichen, will er sich aufwerten, indem er einen anderen abwertet. Also der andere hat wegen seines Körpers laut Thorsten keinen Spaß mehr am Leben, er hingegen suggeriert dem Influencer, glücklicher zu sein, weil er sich noch den Burger mit Pommes gönnen kann. Auf den Fotos von Toyota-Thorsten sieht man übrigens, dass er einen Bierbauch hat und ein aufgedunsenes Gesicht mit dunklen und tiefhängenden Tränensäcken. Das ist ein gängiger Mechanismus im Netz. Jemand sieht etwas, das ihn triggert, weil es einen eigenen Mangel aufzeigt. Man wird gespiegelt. Also da hat jemand einen trainierten Körper und der eigene hat schlaffe und untrainierte Muskeln sowie einen sehr hohen Körperfettanteil. Da kann natürlich schnell Neid aufkommen oder eben auch Wut über sich selbst entstehen, weil man tief im Innern auch so ähnlich aussehen möchte, aber man nie die Disziplin dafür entwickeln konnte. Und in Zukunft auch nicht mehr entwickeln wird. Weil man um die eigene Schwäche weiß. Und sich leider Gottes schon aufgegeben hat. Da bleibt einem nur die Abwertung des anderen, um sich selbst aufzuwerten. Eigentlich ein Selbstbetrug. Den sich viele für den Moment aber glauben und mit einem guten Gefühl weiterziehen. Man braucht ja eine Legitimation für sein eigenes Versagen. Nun hat man keine Angst mehr, nicht genug zu sein.

Weil man sich einredet, besser zu sein. Man kehrt die Sache einfach um.

Und so passiert das immer und immer wieder im Internet. Aber auch offline. In Fußballvereinen beispielsweise. Wenn da jemand einmalig oder auch für einen längeren Zeitraum auf Alkohol verzichtet. Dann heißt es oft »Was bist du denn für eine Pussy!?« Man wertet den anderen ab, indem man ihm die Männlichkeit abspricht und wertet sich gleichzeitig auf, indem man durch das Trinken von Alkohol beweisen möchte, was für ein harter Kerl man doch ist. Liegt jedoch die Stärke, und damit auch die Männlichkeit, nicht darin, Nein zu sagen? Vermutlich schon. Vielleicht ist derjenige ja viel zu unmännlich und schwach, der gerade abwerten wollte, weil er dem Verlangen nach Alkohol nie widerstehen konnte. Und somit kannst du seinen versuchten Diss ganz gut einkategorisieren. Musst ihn dir gar nicht zu Herzen nehmen. Und kannst besten Gewissens schlagfertig kontern. Indem du einfach rätst, mal ein Bier wegzulassen bei dem Rettungsring am Bauch. Und schon hast du ihn wieder abgewertet. Runtergeholt. Und das alte Gleichgewicht hergestellt. Bekommst noch ein paar Lacher und den Respekt der anderen. Und hast gleichzeitig klargestellt, dass man mit abwertenden Sprüchen dir gegenüber Gefahr läuft, selbst blöd dazustehen. Und deswegen lässt man es in Zukunft lieber. Also, auch in so einer Situation sollte man schauen, wer was und warum sagt.

Ich nehme noch ein Beispiel aus meiner Businesswelt. Wir sind wieder bei Bolzplatzkind. Instagram. Ich kommentiere sachlich und überzeugend unter einem Beitrag der Sport-schau zum Thema Frauenquote. Das polarisiert natürlich. Ein User schreibt dann, dass ich so eine derartige Meinung mit so einer Reichweite doch nicht äußern dürfte. Das ist immer so der Klassiker. Wenn man keine Argumente hat ge-genüber einer großen Seite mit blauem Haken, dann ver-sucht man, über so ganz eklige Maschen abzuwerten. »Was sagen denn deine Kunden dazu?« oder man versucht eben künstlich eine Empörungswelle zu erzeugen, dass man doch eine gewisse moralische Verantwortung hätte bei so vielen Followern und dadurch nur die Meinung des Mainstreams vertreten dürfe. Ich antworte daraufhin immer, dass es ja nicht wirklich glaubwürdig sei, wenn man seine Meinung von der Anzahl der Follower und Reichweite abhängig ma-che. Wie authentisch ist man dann? Am Ende weiß ich auch hier, was die Motivation seines Kommentars war. Er hatte nämlich keine Argumente gegen meine Meinung. Und so-mit kann ich diese Äußerung für mich direkt richtig einord-nen.

Zusammenfassung und Aufgaben:

- Wenn ich wirklich das Beste für jemanden möchte, dann kann es sein, dass ich zukünftig nicht mehr Teil des Besten für diese Person bin.

- Achte bei entscheidenden Fragen, für die du Tipps und Ratschläge brauchst, bitte immer darauf, wer dir was und warum empfiehlt. Es kann nämlich sein, dass derjenige vorrangig an sich und seine Vorteile und Bequemlichkeiten denkt statt an deine Bedürfnisse.

- Wie steht dein Rival zu dem, was er anderen wünscht? Dein Rival möchte wirklich, dass es jedem Menschen gut geht. Deshalb wünscht er allen nur das Beste. Wenn er von Familie, Freunden oder Partnern nach Tipps und Ratschlägen gefragt wird, versetzt er sich immer in die Lage des anderen. Versucht sein Gegenüber zu verstehen und antwortet immer ohne Ego. Natürlich sagt er, dass er die Person vermissen wird, wenn sie auf Weltreise geht. Denn sie soll ja wissen, dass er sie liebt. Doch dein Rival akzeptiert es, wenn dein Bestes eine große Veränderung bedeutet, die auch ihm wehtun kann.

- Schau immer wieder mal hin, warum jemand dich gerade kritisiert oder abwerten möchte. Oftmals hat das gar nichts mit dir zu tun. Sondern nur mit der Schwäche oder dem Versagen des anderen. Er hat Angst, selbst nicht genug zu sein und möchte sich aufwerten. Wenn du die Motive für Beleidigungen, Hass und Hetze verstehst, dann tun sie auch kein Stück weh.

- Überlege dir mal, ob du schon mal eine große Chance hast liegen lassen, nur weil jemand, der dir nahesteht, nicht dein Bestes wollte. Überprüfe generell mal in deinem Umfeld, wer dich wirklich wachsen und weiterentwickeln sehen möchte. Und auch dementsprechend handelt.

Lügen. Der größte Energiefresser der Menschheit?

Vor vielen Jahren habe ich eine Grundsatzentscheidung getroffen. Ich wollte nicht mehr lügen. Das bekomme ich auch weitestgehend hin. Natürlich gibt es Alltagssituationen, in denen du dich einer Notlüge bedienst. Bei Fremden vor allem. Wenn dich ein Junkie in der Bahn nach Bargeld fragt. Und du sagst, dass du keins hast. Was dann manchmal gelogen ist. Aber du willst nicht ehrlich antworten. Weil diese Antwort weder ihm noch dir selbst was bringt. Diese Lüge hat keine negativen Konsequenzen und spart eher Energie, als dass sie welche raubt. Diese Art der Lügen finde ich legitim.

Mir geht es eher um die größeren und bedeutenderen Lügen. Vor allem jene, die innerhalb einer Beziehung aufkommen. Egal, ob privat oder beruflich. Und, ganz wichtig: Die Lügen zu dir selbst.

Aber wie kam es bei mir zum Wandel und zu dieser Entscheidung? Als Kind habe ich tagtäglich gelogen. Vor allem zuhause. Ich habe eigentlich ein Doppelleben geführt. Zuhause war ich der Brave und Artige und draußen war ich ein frecher Bengel. Ich hatte früher wirklich zwei Persönlichkeiten. Zuhause habe ich gelogen. Mich verstellt. Weil ich nicht der sein durfte, der ich war. Ich will dir mal ein Beispiel nennen. Es gibt ja Momente im Alltag, in denen man nicht mit einem Lächeln durchs Leben geht. Sondern man ist vielleicht mal grad nicht so gut drauf. Da gehen die Mundwinkel schon mal in eine neutrale Position und der

Sprechapparat bleibt geschlossen. Mein Vater sagte in solchen Momenten dann oft »Hör auf zu maulen!« Und so hat man dann zukünftig einfach gute Miene zum bösen Spiel gemacht. Im wahrsten Sinne des Wortes. Und genau in solchen Situationen lernst du, zu lügen. Das Gleiche passierte auch, als ich zuhause über meine Gefühle und Meinungen geredet habe. Weil diese meist negativ kommentiert und bewertet wurden, teilweise auch entsprechende Konsequenzen mit sich trugen, habe ich einfach so geantwortet, wie es meinem Vater recht zu sein schien. Er fragte uns Kinder immer, was denn das Beste am Tag gewesen sei. Eigentlich eine echt gute Idee und eine großartige Frage. Doch ich habe meistens nicht ehrlich geantwortet. Weil das, was ich antworten würde, meinem Vater nicht gefallen hätte. Und so dachte ich mir oft einfach irgendwas aus oder priorisierte nach außen hin anders, als ich es für mich persönlich tat. Das waren Lügen. Aus Angst vor den Folgen einer ehrlichen Antwort. Auch, wenn ich mit meinen Eltern draußen unterwegs war, tat ich in der Öffentlichkeit immer so, als wäre alles super. War höflich und redete, als sei ich ein glücklicher Mensch. War ich aber nicht. Somit trainierte mich das Verhältnis zu meinem Vater und dessen Wunscherscheinungsbild in der Öffentlichkeit, notorisch zu lügen.

Das Lügen ist ein Teufelskreis. Kurz vor meiner starken Depression belog ich ja nicht nur andere, sondern vor allem mich selbst. Ich sah meinen Problemen nicht ins Auge. Ich schaute in den Spiegel und sagte, es sei alles gut. Es war eine tägliche Lüge. Wir haben die Lüge bisher noch gar nicht gemeinsam definiert. Lass uns das kurz machen. Sie bedeutet, bewusst die Unwahrheit zu sagen, um jemanden zu täuschen. Und dieser Jemand kann auch man selbst sein. Eigentlich krass oder, dass man es über einen ziemlich langen Zeitraum hinbekommen kann, sich selbst zu täuschen. Manchmal sogar so lange, bis sich der Körper meldet. Und dich auf deine Lüge aufmerksam macht. Wie bei mir damals. Als ich nach langer Zeit des Selbstbetruges nervlich zusammenbrach. Um endlich reinen Tisch mit mir machen zu können. Das wollte und tat ich dann auch. Als ich zur Therapie ging. Mich all den Wahrheiten stellte. Meine Gefühle und Emotionen zeigte. Ich wollte bewusst die Wahrheit sagen, um mit mir im Reinen zu sein und um meinen inneren Frieden zu finden. Und den findest du nur, wenn du ehrlich mit dir bist und dich selbst nicht belügst. Seit Beginn meiner Therapie entwickelte ich den Willen, nicht mehr zu lügen. Und dann kam ja noch diese eine Frau in mein Leben. Ich habe noch nie einen Menschen erlebt, der so brutal ehrlich ist. Egal, wer vor ihr stand. Wie prominent diese Person war. Sie sagte einfach das, was sie gedacht hat. Einfach sagen, wie es ist. Das war ja auch mein Motto und so passten wir super zusammen. Aber sie hat mich da nochmal anders inspiriert. Weil man das bei ihrer Erscheinung, zierlichen Stimme und Größe von 1,60m nicht erwartet hat. Ich habe mein Ehrlichsein durch sie damals nochmal krass verstärkt.

Jetzt können wir uns ja mal fragen, was es denn braucht, um nicht zu lügen. Das Wichtigste ist Selbstvertrauen und Stärke. Nur starke Charaktere schaffen es, immer ehrlich zu sein und die Wahrheit zu sagen. Wobei man hier auch nochmal differenzieren sollte. Nur, weil ich in gewissen Situationen nicht die Wahrheit erzähle, bedeutet das nicht, dass ich gleichzeitig auch lügen muss. Manchmal ist es strategisch schlauer, nicht die ganze Wahrheit zu sagen oder ehrlich zu sein. Und man muss dabei nicht zwingend lügen. Ich arbeite sehr intensiv daran, Dinge immer so zu formulieren, dass ich nicht immer die ganze Wahrheit sagen muss, ohne aber dabei zu lügen. Auch in unwichtigen Situationen und Angelegenheiten. Doch kommen wir wieder zurück zu den Voraussetzungen, die man benötigt, um nicht zu lügen. Zunächst musst du dir deines Selbst bewusst sein. Du trägst gewisse Werte und Eigenschaften in dir, zu denen du auch stehst und die du auch nicht einfach so ändern möchtest. Weil du nicht heute diese und morgen jene Werte und Meinungen vertrittst, sondern die vorhandenen Haltungen und Einstellungen tagtäglich von dir aus bestätigst. Dadurch entwickelst du für deine Art des Seins auch ein Vertrauen. Dein Selbstvertrauen. Du vertraust also auf deine Werte und Meinungen, weil du sie regelmäßig überprüfst, sie für richtig hältst und daraus eine Routine entwickelst.

Eigentlich ist die Frage, ob man lügt oder nicht, auch eine Frage der Disziplin, oder? Fällt mir gerade auf. Bei der Disziplin geht es ja darum, seinen Gefühlen und Neigungen nicht nachzugeben. Sondern sie zu beherrschen. Bedeutet am Ende, dass es dein großes Ziel ist, deine Moral und Werte nicht zu verkaufen. Sondern deinen Eigenschaften und Werten treu zu bleiben. Der Vergleich passt doch, oder? Ich meine, warum lügen die Menschen denn. Was ist die Motivation, der Beweggrund in diesem Moment. Sie haben Angst, abgelehnt zu werden. Abgewertet zu werden. Durch die Ehrlichkeit kein Teil mehr einer Gruppe zu sein. Oder sie rechnen eben mit negativen Konsequenzen. So wie ich damals bei meinem Vater. Sie geben der Angst, also dem Gefühl nach. Und das ist Schwäche. Ich denke, wir sind uns beide einig, dass Lügen immer Schwäche bedeutet. Oder? Für Ehrlichkeit braucht es also Stärke. Eigentlich steckt für viele Menschen in der Ehrlichkeit auch ein Risiko. Also man hat Angst vor dem Schaden oder Verlust. Doch auch hier müssen wir uns, nein wir sollten, denn wir müssen ja gar nichts, auch hier sollten wir uns die Frage stellen: Was haben wir denn zu verlieren? Was verliert man denn, wenn man ehrlich ist? Eigentlich nur den Respekt vor sich selbst. Sonst nichts. Für den Moment vielleicht einen Menschen oder Kunden. Aber das würde auch bedeuten, dass der Mensch oder Kunde auf der Basis einer Lüge in einer Beziehung zu dir steht. Und nachhaltig möchte man doch mit Menschen zu tun haben, sowie im Privaten als auch im Business, die dich wegen deiner Ehrlichkeit schätzen. Und keinen Partner haben wollen, der sich verstellt. Also warum zeigt man sich nicht gleich so, wie man ist. Statt den Leuten etwas vorzumachen, eine Rolle zu spielen und sich für den ausgeben, der man gar nicht ist. Dadurch gewinnt man doch Menschen und Partner, die nachhaltig auf einen setzen. Und zwar nicht nur für einen kurzen Moment, weil sie getäuscht werden. Genau hier kommen wir ja auf jenen Preis, den die Lüge kostet. Man sollte doch viel eher auf das Risiko der Lüge schauen. Auf den Schaden oder Verlust, der hier entsteht. Und ich sage ganz klar: Der größte Schaden einer Lüge ist der Verlust von Energie. Für alle Beteiligten.

Nehmen wir da einmal das Beispiel Datingplattformen. Oder meinetwegen auch Instagram. Eine Frau zeigt Bilder auf ihrem Profil, die sehr starke Filter haben. Sie suggeriert den Besuchern ihres Profils, dass ihr natürliches Erscheinungsbild, dem der Fotos entspricht. Ein Mann nimmt daraufhin Kontakt zu ihr auf, möchte sich treffen. Natürlich erstmal nur, weil er sie attraktiv findet. Ja, das ist oberflächlich. Aber so ist nun mal die Realität und das Leben. Wir beurteilen zu Beginn ganz oft oberflächlich. Das ist natürlich und nichts Verwerfliches. Beide Geschlechter machen das. Meins sicherlich deutlich primitiver als das weibliche. Aber darum geht es jetzt nicht. Durch die Benutzung des starken Filters hat die Frau gelogen. Denn in der Realität hat sie vielleicht Falten, unreine Haut oder eine andere Nase. Der Mann wurde also getäuscht. Was er noch nicht weiß, vielleicht aber ahnt, doch am Ende hofft er vor allem, dass die Frau wirklich so aussieht wie auf dem Bild. Man schreibt einige Tage, versteht sich gut. Es kommt zum Treffen. Und siehe da, der Mann ist enttäuscht. Er hatte die ganze Zeit eine andere Vorstellung von ihrem Aussehen. Enttäuschung heißt aber auch: Das Ende einer Täuschung. Eigentlich ja was Gutes. Denn die Lüge ist vorbei. Doch wie geht man jetzt mit der neuen Wahrheit um? Und vor allem, was hat die Lüge durch den Filter am Ende gebracht? Die Frau hat dadurch vermutlich mehr Nachrichten bekommen. Okay. Das hat ihr in dem Moment Bestätigung und ein gutes Gefühl gegeben. Doch die Bestätigung hat sie ja für etwas bekommen, das sie gar nicht ist. Sie hat eigentlich eine Kunstfigur von sich erschaffen, die sie selbst stark unter Druck setzen kann. Weil sie sich damit selbst eine unfassbar hohe Erwartungshaltung auferlegt. Okay, gehen wir zurück zum Treffen der beiden. Sie verabreden sich in einem Café. Er sitzt dort. Wartet. Und dann kommt sie rein. Oder ist das jemand anderes? Der Mann ist echt verunsichert. Denn sie sieht deutlich fülliger aus als auf den Fotos. Und das Gesicht? Ganz anders. Die Erwartungshaltung des Mannes ist zerstört. Er hatte sich gedanklich an ein Bild gewöhnt, das gar nicht der Realität entsprach. Wenn er sie offline getroffen hätte, im realen Leben, vielleicht hätte er sie attraktiv gefunden. Weil er dann nicht hätte getäuscht werden können. Doch hier wurde nun einfach ein Bild zerstört. Und er fühlt sich irgendwie betrogen. Und darüber ist man sauer. Das kann man auch nicht abstellen. Aus Höflichkeit zieht er den Kaffee noch durch, die beiden sprechen etwas. Gehen danach getrennte Wege und hören nie wieder voneinander. Andersrum passiert das übrigens auch. Es gibt, wie ich hörte, einige Männer, die zehn Jahre alte Bilder auf Plattformen verwenden, dadurch Frauen bewusst täuschen. Und somit lügen.

Ja, nun war dieses kurze Intermezzo der beiden ein kompletter Reinfall. Man hätte sich das eigentlich sparen können. Und damit sind wir bei einem entscheidenden Punkt angekommen. Sparen. Alle Beteiligten hätten so viel Energie sparen können. Wenn die Frau am Anfang nicht gelogen hätte. Man hätte sich das Schreiben vorher schenken können. Das Fertigmachen zum Date und auch den Weg zum Café. Sogar das Geld für die Getränke. Aber hier muss man auch eines sagen: Wenn der Mann ehrlich gewesen wäre, hätte er direkt beim Treffen sagen können, dass er sich belogen fühlt und jetzt gehen wird. Er hat aus Höflichkeit und Respekt, die Frau nicht verletzen zu wollen, noch eine halbe Stunde mit ihr geredet. Auch nochmal Energie verschwendet. Am Ende haben beide viel verloren, weil sie nicht ehrlich waren. Was für ein Schwachsinn eigentlich. Aber so passiert es immer und immer wieder. Ich hatte das vielleicht zwei bis dreimal, dass die Frau beim Date besser aussah als auf den Fotos. Gibt es auch, aber ist wirklich selten. Manchmal reichen echt so 3% Abweichung von dem Bild, das man im Kopf hatte, um enttäuscht zu sein. Das ist krass. Deswegen bin ich ein großer Fan davon, sich im realen Leben kennenzulernen. Da wissen beide Beteiligten sofort, woran sie sind. Natürlich bearbeitet man auch mal Bilder, weil das Licht echt scheiße ist oder man dort gerade viel älter oder faltiger aussieht. Das ist völlig normal. Aber eben nur so stark, dass es dem realen Erscheinungsbild entspricht. Und natürlich wählt jeder irgendwie die besten Bilder von sich aus. Alles normal und menschlich. Aber man sollte beim ersten Treffen nicht enttäuschen. Sonst hat man eben gelogen. Und das kostet so viel Energie. Generell finde ich es krass, wie viele Influencerinnen sich gefühlt eine zweite Identität erschaffen im Netz. Sie erhalten teilweise Likes und Kommentare für eine Person, die sie gar nicht sind. Was muss das für einen Druck auslösen. Und wie abwertend ist das eigentlich für das Leben offline. Oder?

Viel Energieaufwand durch Lügen zu betreiben, bedeutet ja immer auch Zeitaufwand. Und Stress. Verabschieden wir uns mal von diesem Datingszenario der beiden. Und nehmen eine x-beliebige Person aus einem x-beliebigen Büro. Dieser Mensch lügt schon bei Kleinigkeiten. In Momenten, wo Ehrlichkeit eigentlich gar keine negativen Konsequenzen hätte. Doch er ist ein notorischer Lügner. Wenn seine Kollegen dann Widersprüche in irgendwelchen Erzählungen feststellen und diese auch äußern, sagt der klassische Lügner weiterhin bewusst die Unwahrheit. Er verstrickt sich regelrecht. Tag für Tag. Über mehrere Wochen oder auch Jahre. Ich denke mir dann immer: Krass, wie viel Stress muss dieser Mensch haben, immer zu wissen, welche Lügen er gestern erzählte. Wie viel Energie das kosten muss, dieses Kartenhaus aufrechtzuerhalten. Der absolute Wahnsinn. Und die Energie war eben auch der Grund damals, warum ich mich entschied, nicht mehr lügen zu wollen. Weil es allen Beteiligten unfassbar viel Energie und Kraft raubt. Vor allem einem selbst. Also auch sehr egoistisch gedacht. Doch dazu gehört eben auch, dass man seine Werte und Eigenschaften akzeptiert, zu ihnen steht und sie auch verteidigt. Sie nicht aufgibt, wenn es unbequem wird.

Noch ein letztes Beispiel aus meiner Businesswelt. Zur EURO24 verkaufte ich Deutschlandtrikots von Bolzplatzkind. Beim Vorverkauf gab ich den 10. Juni als Liefertermin an. Durch Verzögerungen bei der Produktion in der Türkei und später dann auch beim Zoll stand fest, dass ich diesen Termin nicht halten werden könnte. Was für ein Desaster. Die UEFA wartet ja nicht mit dem Start des Turniers auf mich, bis meine Trikots da sind und alle Kunden, die vorbestellt hatten, zum Eröffnungsspiel mein Trikot tragen können. Ich musste also einen Weg finden, die Verzögerung zu erklären. Und entschied mich auch hier wieder für Wahrheit und Transparenz. Ich schrieb in den Sozialen Medien einen Text. Und sagte einfach, wie es ist. Daraufhin habe ich so viele positive Nachrichten und Kommentare erhalten, dass ich wirklich überwältigt war. So viel Verständnis kam mir entgegen. So viel Geduld der Kunden. Am Ende habe ich durch meine Ehrlichkeit nichts verloren, sondern ganz viel gewonnen. Und das ist generell mein Learning seit nunmehr zwanzig Jahren Entscheidung für die Wahrheit und gegen die Lüge. Das wird immer belohnt. Nachhaltig. Du als Person bist glaubwürdig. Die Menschen bezeichnen dich als authentisch, zollen dir Respekt für den Mut, ehrlich und direkt zu sein. Ich habe eine Freundin in London. Sie sagt immer: »You are something else!« Im positiven Sinne. Sie fragt mich oft nach Feedback. Vor allem im Business. Und ich antworte halt immer ehrlich und direkt. Sage das, was ich denke. Sie muss dann oft über die Art und Weise lachen. Weil sie es immer nur gewohnt ist, dass die Leute um den heißen Brei herumreden. Das mache ich nicht. Ich komme zum Punkt. Weil ich keine Energie vergeuden möchte. Habe ich in meiner Kindheit und Jugend ja schon genug gemacht durch das Lügen. Deswegen haue ich einfach raus. Wenn man mich fragt. Ich habe einfach nichts zu verlieren. Außer den Respekt vor mir selbst, wenn ich nicht ehrlich bin. Weil ich dann Schwäche zeige. Und es ist stark, seine Meinung zu sagen. Viele Menschen triggert das auch. Deswegen mögen mich auch einige Menschen nicht. Halten mich für arrogant oder sonst etwas. Sollen sie machen. Ich bin so, wie ich bin. Lieber werde ich gehasst für den, der ich bin, als geliebt für den, der ich nicht bin. Ganz einfach. Love it or leave it. Love me or leave me. Manchmal sagen die Leute dann auch, es sei respektlos, so ehrlich und direkt zu sein. Dazu kann ich nur sagen: Es ist der größte Respekt, den ich einem Menschen entgegenbringen kann, ehrlich und direkt zu sein. Nicht zu lügen. Weil ich dann seine Zeit und Energie wertschätze. Weil ich ihm nichts vorspiele und er sofort entscheiden kann, ob er mir näherkommen oder sich distanzieren möchte.

Zusammenfassung und Aufgaben:

- Lügen bedeutet immer Energieaufwand. Wer viel lügt oder eine große Lüge aufrechterhalten möchte, der muss sehr viel Energie investieren. Das kann sogar zu starkem Stress führen, weil das Energiekontingent eines Tages erschöpft ist. Manch einer erleidet durch den Stress des Lügens sogar einen Herzinfarkt.

- Für Ehrlichkeit braucht man Stärke und Selbstvertrauen, aber auch Disziplin. Man sollte das Ziel verfolgen, zu seinen Werten, Eigenschaften und Meinungen zu stehen und diese auch verteidigen wollen. Auch, wenn die Lüge vielleicht kurzfristig bequemer erscheint. Auf lange Sicht schadet sie dir. Ehrlichkeit hingegen schenkt dir und deinen Beziehungen Vertrauen und zollt dir auch Respekt.

- Wie steht dein Rival zum Lügen? Dein Rival lügt schon lange nicht mehr. Weil er stark und diszipliniert ist. Er will keine Energie verschwenden und respektiert auch die Zeit und Energie von anderen. Dein Rival möchte sich nicht verstellen. Sondern sich so zeigen, wie er ist. Entweder mag man ihn dafür oder eben nicht. Er täuscht dadurch andere Menschen nicht und kann auch mit reinem Gewissen vor dem Spiegel stehen.

- Wenn dein Rival nicht die ganze Wahrheit erzählen möchte, formuliert er seine Aussagen so, dass er nicht lügt.

- Überlege mal, ob du auch die Grundsatzentscheidung treffen möchtest, nicht mehr zu lügen. Auch, wenn das für den Moment in einer Situation unangenehm sein kann, ehrlich und direkt zu sein. Kurzfristig ist vielleicht jemand empört oder irritiert. Doch am Ende gewinnst du damit. Ich habe diese Erfahrungen im Business gemacht, aber auch im Privaten, insbesondere bei Frauen. Wenn du ehrlich und direkt bist, steigert das deine Attraktivität unfassbar stark. Und selbst wenn dich die Menschen wegen deiner Ehrlichkeit hassen. Sie werden dich immer dafür respektieren. Mindestens. Weil sie wissen, dass Ehrlichkeit Stärke und Arbeit bedeutet. Fällt dir vielleicht eine Situation ein, in der du dich gegen die Lüge entschieden hast und am Ende dafür belohnt wurdest? Dann entscheide dich einfach öfter für die Wahrheit. Und du wirst sehen: Dein Leben wertet sich auf.

Schlagfertigkeit und die große Kunst des Redens.

Erst neulich habe ich von meiner Mutter erfahren, dass ich als kleiner Junge sehr lange gebraucht habe, um zu sprechen. Dann aber direkt mit ganzen Sätzen angefangen habe. Das passt irgendwie dazu, dass ich in Bezug auf Sprache scheinbar anders programmiert wurde als ein normaler Mensch. Generell habe ich im Laufe meines Lebens eine sehr spezielle und einzigartige Art und Weise des Schreibens und Sprechens entwickelt. Einige Leute würden den Schreibstil meiner Texte unter tausenden herauslesen können. Was ich gut finde. Gerade in Zeiten von ChatGPT, wo Texte und Beiträge immer gleicher werden. Weil es immer schneller gehen muss und man immer fauler wird, selbst zu schreiben. Deswegen erfährt meine Kommunikation durch einen steigenden USP auch einen höheren Wert.

Nicht wenige denken, dass ich allein durch mein Studium der Kommunikationswissenschaften und Germanistik das Schreiben erlernt habe. Das war ein guter Feinschliff, ja. Doch ich habe schon einige Zeit vorher privat sehr viel geschrieben. Auch öffentlich. Doch ich sage dir ganz ehrlich: Über einen guten Text entscheidet kein Zertifikat. Entweder kann man schreiben oder nicht. Aber weißt du was? Jeder kann es erlernen. Und jeder kann auch lernen, gut zu reden. Nicht jeder ist schlagfertig. Doch jeder kann es werden. Ganz sicher.

Die Sache ist nur die, dass viele glauben, durch die Teilnahme an einem Seminar oder den Abschluss einer akademischen Ausbildung bist du automatisch ein krasser Schreiberling oder dieser eine neue Speaker, auf den alle gewartet haben. Ein Trugschluss. Schreiben und Reden ist eine Kunst. Selbstverständlich gibt es dafür per Geburt auch eine Geworfenheit, ein Talent. Wie beim Fußball. Messi. Und dann gibt es jene Künstler, insbesondere Lebenskünstler, die aus schwierigen Verhältnissen kommen, an sich arbeiten, scheitern, besser werden. Wie Cristiano Ronaldo. Auch diese Menschentypen können Redekünstler werden. Aber nicht durch einen Kurs. Sondern durch viele Jahre harter Arbeit. Durch viel Scheitern. Viel Schmerz. Durch viel Lebenserfahrung. Und vor allem durch Feedback. Auf Letzteres gehe ich später nochmal ein.

Ich bin ein Mensch, der öffentlich nur gute Dinge über sich selbst sagt, wenn ich absolut sicher sein kann, dass ich diese Eigenschaft von zig Menschen schon mehrfach als positives Feedback erhalten habe. Da bin ich sehr bescheiden und selbstkritisch. Sehe mich da als objektiven Betrachter meiner selbst. Wenn ich beispielsweise sage, dass ich sehr gut schreiben kann, dann nicht, weil ich das gerne wollte, arrogant bin oder eine falsche Wahrnehmung von mir habe, sondern weil die Menschen es mir sagen. Und nicht ein oder zwei Leute. Sondern Hunderte oder Tausende. Wenn die Leute immer wieder sagen, dass ich sehr schlagfertig bin, dann glaube ich das natürlich auch irgendwann. Und nehme es, gerne dankend, als gegeben an. Ist was Gutes. Und deshalb habe ich mir über diese Stärke schon sehr viele Gedanken gemacht. Weil das auch nicht immer so war in meinem Leben. Und, weil ich darin auch immer besser werden wollte. Weil man damit so viel weiterkommt im Leben.

Nun, ich trug schon immer einen gewissen Witz und auch einen Sinn für Ironie in mir. Geworfenheit. Vielleicht. Allerdings habe ich ja auch drei ältere Geschwister und von denen konnte ich sehr viele Dinge auch schon frühzeitiger lernen als andere in meinem Alter. Als schlagfertig gilt gemeingültig jemand, der auf eine unerwartete Bemerkung oder Frage treffend und witzig reagieren kann. Der Humor, der Witz spielt bei der Schlagfertigkeit also anscheinend eine größere Rolle. Wobei ich das gar nicht so unbedingt als Voraussetzung sehe. Weil ein verteidigender Gegenschlag auch ohne Witz gut funktioniert. Und triggert oder disst.

Lass uns doch mal in die Praxis gehen. Also, fertig sein für den Schlag. Das bedeutet Schlagfertigkeit ja letztendlich. Wer fertig ist, muss vorbereitet sein. Wer fertig sein muss, rechnet jederzeit mit einem Angriff. Nun ist es ja so im Leben, dass nicht jeder dir was Gutes will. Leider. Aber eben Realität. Also müssen wir damit umgehen. Und Lösungen dafür finden. Wenn dich also jemand verbal angreift, gibt es zwei Optionen für dich. Na gut, sagen wir drei. Du gibst ihm direkt eine Faust. Was weniger zivilisiert ist. Und auch beweist, dass du intellektuell unterlegen bist. Schließen wir das einfach mal aus. Da wäre die Schlagfertigkeit zu ernst genommen. Also, entweder du lässt den Angriff zu und über dich ergehen. Oder du wehrst dich und schlägst verbal zurück. Ich wähle immer den verteidigenden Angriff. Warum? Primär, weil ich mit guter Schlagfertigkeit das Risiko eines weiteren Angriffs minimieren oder, wenn ich richtig gut bin, sogar für immer ausschließen kann. Sekundär geht es mir um die Regulation seines oder ihres und auch meines

Egos. Also im Prinzip um Status und Autorität. Ja, und tertiär macht es mir einfach Spaß und es ist ein Automatismus geworden. Zuweilen ist Schlagfertigkeit im Netz auch verkaufsfördernd, also Teil des Contents. Für mich mittlerweile nicht nur selbstschützend und statusregulierend, sondern einfach ein Spiel, das Spaß macht. Jetzt bin ich wieder krass abgeschweift. Ich wollte zu den Basics der Schlagfertigkeit kommen. Aber warte, wir erfahren also einen Angriff im Alltag. Verbal. Dieser verletzt unseren Stolz oder das Ego. Er ist unfair, unwahr oder einfach nur anderweitig grenzüberschreitend. Dann überkommt dich dieses Gefühl, reagieren zu wollen. Reagieren zu müssen. »Das kann ich doch so nicht stehen lassen!«, denkst du dir. Aber sagst nichts. Weil dich der Angriff vielleicht bereits entwertet oder verunsichert hat. Nun bist du damit erstmal beschäftigt, überfordert, und ehe dir ein guter Konter einfällt, ist der Zeitpunkt dafür längst vorbei. Chance verpasst. Vielleicht fällt dir auch erst abends im Bett die passende Antwort auf den Angriff ein. Aber es ist zu spät. Sieh es ein, du hast versagt. Ich kenne solche Situationen von früher auch. Heute passiert mir das wirklich sehr selten. Weil ich so trainiert bin in der Schlagfertigkeit. Und so gut wie immer eine Antwort parat habe. Das war auch jahrelange Arbeit. Nehmen wir jetzt endlich mal ein Beispiel. Jemand greift dich verbal an, will dich in eine unangenehme Situation bringen und stellt dir eine unbequeme Frage. In diesem Moment fühlt sich der Fragende ja sehr sicher und dir vermutlich auch überlegen. Was immer etwas bringt, ist eine Gegenfrage. Dann muss der andere nämlich auch spontan reagieren. Er mag sich vielleicht Tage, Stunden oder Minuten vorbereitet haben, um dich aber spontan antworten zu lassen.

Dann bring du ihn doch auch erstmal in die Situation der Spontaneität. Dann holst du ihn in seiner vermeintlichen Überlegenheit schon mal etwas runter. Denn nun muss auch er beweisen, dass er schlagfertig ist.

Stellen wir uns jetzt einmal folgendes Szenario vor. Du sitzt in einem Bewerbungsgespräch. Die Personalerin fragt dich, warum du vorher schon so viele Arbeitgeber hattest. Und von Beginn an beschleicht dich dieses Gefühl, dass sie dich etwas kritisch betrachtet. Da kann diese Frage dann schon als kleiner Angriff gewertet werden. Oder zumindest als Provokation, um die die Hintergründe darüber zu erfahren. Wie reagiert man jetzt richtig darauf? Also erstmal gibt es kein Richtig und Falsch. Man sollte nur schauen, welches Ziel man verfolgt. Es gibt in solchen Momenten ja Menschen, die dann total übertrieben patzig reagieren. Und mit »Das geht Sie gar nichts an« oder »Diese Frage finde ich etwas zu persönlich« oder »Warum wollen Sie das jetzt bitte wissen?« antworten. Damit wärst du direkt raus. Garantiert. Das wirkt immer unsouverän und du offenbarst damit auch, dass du etwas verbergen möchtest, beziehungsweise keine geistreiche Antwort darauf findest. Eine andere Alternative wäre, dass du ängstlich und schuldig darauf reagierst. Also eine Art Entschuldigungsrede hältst, dich rechtfertigst und vermutlich noch um Verzeihung bittest. Sowas passiert ganz oft. Insbesondere in angespannteren Situationen wie bei Bewerbungsgesprächen. Da die Menschen unsicher und ängstlich sind. Keine gute Basis für Schlagfertigkeit. Denn diese setzt stets Sicherheit durch Selbstvertrauen voraus. Und da habe ich persönlich folgenden Glaubenssatz entwickelt: Stehe zu allem, was in der Vergangenheit passiert ist.

Wenn du das nicht tust, gehe gar nicht erst zum Bewerbungsgespräch. Für neue Aufgaben in der Zukunft musst du immer mit deiner Vergangenheit im Reinen sein.

Um nun selbstbewusst auf die Frage zu antworten, gibt es nämlich die dritte Option. Die Gegenfrage. Und zwar mit Niveau. Ich würde wie folgt antworten: »Was verstehen Sie denn unter viel oder wenig und welche Zahl an Arbeitgebern wäre angemessen für Sie?« Nun ist die Personalerin an der Reihe. Auch sie hat eine Frage gestellt bekommen. Somit kann dieses Gespräch schon mal kein Verhör werden und sie wurde aus ihrer erhöhten Position etwas herabgestuft. Jetzt muss sie sich Gedanken machen und spontan antworten. Eine Herausforderung für sie. Die sie auch etwas unsicher werden lassen könnte. Nun steigt die Wahrscheinlichkeit, dass es ein Gespräch auf Augenhöhe werden kann. Und dass sie dich mehr respektiert. Nehmen wir an, sie antwortet mit »Naja, Sie geben hier an, in den letzten drei Jahren bei drei Unternehmen gewesen zu sein. Das ist für mich sehr viel.« Boom. Wieder ein versteckter Vorwurf. Meine Antwort: »Ich verstehe. Dann lassen Sie uns das beide doch einfach mal als *viel* definieren. Nämlich viel Erfahrung, die ich in der Arbeitswelt sammeln durfte. Glücklicherweise.« Du merkst jetzt, dass sie das erste Mal überhaupt leicht gelächelt hat. Also eine gute Antwort. Doch sie fährt fort. Nicht mit dem Auto, sondern: »Wie sicher können wir dann sein, dass Sie uns nicht auch bereits nach einem Jahr verlassen?« Die nächste unangenehme Frage. Doch, es gibt ja einen Grundsatz: Wir haben auf alles eine Antwort. Und nun können wir beispielsweise so kontern: »Gibt es denn

strukturelle Gründe in diesem Unternehmen, wie beispielsweise eine hohe Mitarbeiterfluktuation, die das jetzt schon
wahrscheinlich machen? Ich trete einen Job generell erstmal in der Gegenwart an. Wenn es matcht. Und ich konzentriere mich auf eine gemeinsame Zusammenarbeit ohne
geplantes Ende. Der Vertrag ist ja auch unbefristet. Für
beide Seiten.« Auch hier hast du den Spieß mit einer Gegenfrage umgedreht. Das ist unfassbar wichtig. Wir reden jetzt
nicht unbedingt über einen sechzehnjährigen Auszubilden-
den, der sich hier beworben hat. Dann hast du keine
Chance. Viel zu aufmüpfig in ihren Augen und da wären
Ego-Issues und Hierarchie-Risiken ihrerseits vorprogram-
miert. Generell musst du dir immer über eines bewusst sein.
Durch eine sehr hohe oder gute Schlagfertigkeit steigt das
Risiko enorm, dass du viele Egos brichst. Doch über Risiko
haben wir ja bereits gesprochen. Das ist relativ. Bei der
Schlagfertigkeit musst du dir immer über die Konsequenzen
bewusst sein. Rechne damit, wenn du derart selbstbewusst
auftrittst, wie in dem oben genannten Beispiel, dass die
Personalerin sich gegen dich entscheiden könnte, weil sie
mit dieser natürlichen Regulation von Autorität und Hie-
rarchie zukünftig nicht klarkommen würde. Wenn sie gut
ist, erkennt sie deine Stärke und dein Selbstvertrauen und
möchte dich genau deswegen einstellen. Weil sie darin einen Wert für das Unternehmen sieht. Man stelle sich eine
derartige Schlagfertigkeit bei Verhandlungen vor. Oder
wenn du im Vertrieb immer eine Antwort auf jeden Ein-
wand hast. Immer noch kreativer bist als der Fragesteller.
Das kann es eine Superwaffe für dein Unternehmen sein.
Gleichzeitig ist deine Schlagfertigkeit, in Form von Gegen-

fragen, auch ein Test, welche Charaktere in diesem Unternehmen Führungspositionen innehaben und wie professionell diese in der Kommunikation sind. Kickt bei einer Personalerin schon von Beginn an das Ego rein, wie wird sich das Arbeitsklima dann in Zukunft gestalten? Selbst, wenn diese Position, auf die du dich beworben hast, dein Traumjob war. Willst du ihn in diesem Umfeld wirklich antreten? Oder findest du woanders vielleicht einen geeigneteren Arbeitgeber? Schlagfertigkeit kann dir somit dabei helfen, dein persönliches Energie-Frühwarnsystem zu starten. Du lenkst den Fokus auf deine Person ein wenig um auf das Unternehmen und seine Mitarbeiter. Vermutlich wirst du nicht der einzige Bewerber sein. Und du kannst dich da nicht locker zurücklehnen und davon ausgehen, die wollen dich um jeden Preis. Aber du musst auch nicht jeden Preis für einen Job zahlen. Denn auch du hast ja Werte. Und Vorstellungen davon, in welchem Arbeitsumfeld du dich verwirklichen möchtest. Und in welchem nicht. Beziehungsweise in welchem Umfeld gar keine Verwirklichung und Weiterentwicklung möglich ist. Das ist ja auch dann meist der Grund, warum Menschen ein Unternehmen verlassen. Weil sie entweder die Egos der Menschen dort nicht ertragen können oder weil sie nicht vorankommen, limitiert werden und nicht wachsen können. Die Bezahlung ist dann oft der Auslöser, aber selten der Grund.

Nun, das war mal ein Beispiel für Schlagfertigkeit aus dem Businesskontext. Ich hoffe, das kam einigermaßen gut rüber. Ich merke, dass ich mich schwer tue dabei, gestellt und künstlich schlagfertig zu sein. Auch bei Witzen. Ich

kann immer super spontan auf Dinge reagieren. Aber proaktiv lustig sein, wie bei der Stand up-Comedy, das ist nicht
meine Stärke. Ich lebe immer vom Spontanen und Unge-
planten, nicht von einem vorgeschriebenen Programm. Obgleich ich auch spontan proaktiv schlagfertig sein kann,
ohne dass ein Angriff stattgefunden haben muss. Kurzes
Beispiel. Ich war neulich erkältet und habe meinem Trainer
für unser Fußballspiel abgesagt. Kam dann aber dennoch
zum Zuschauen vorbei. Einer muss dann immer mit der
Kasse herumgehen und den Eintrittspreis der Zuschauer
eintreiben. Das war ich an diesem Tag. Hier kann man beim
Zugehen auf die völlig fremden Personen stets gut mit einem Opener starten. Ich bin da immer ultraspontan und beziehe mich auf ein gerade stattgefundenes Ereignis, das
Wetter, die Personenkonstellation der Gruppe oder ein Ge-
tränk, das die Person in der Hand hält. Whatever. Rentner
und Auszubildende zahlen bei uns in der Bezirksliga zwei
und alle anderen Zuschauer drei Euro Eintritt. Wenn du
jetzt auf eine Gruppe junger Männer zugehst und startest
mit »Moin Jungs, ich muss hier einmal Geld eintreiben.«
Dann fragt einer der jungen Männer, was denn der Eintritt
koste. Ich frage dann, ob er Rentner sei. Das ist in dem Alter
natürlich so abwegig, dass es dann lustig ist. Die Gruppe
lacht. Eis gebrochen, Sympathie gewonnen. Es ist eigentlich so simpel. Dann ging ich weiter. Zwei Rentner. Hier
zieht der Rentner-Joke natürlich weniger. Da drehe ich das
Ding doch einfach um. Frage, ob sie noch in der Ausbildung
sind. Einer der älteren Herren lacht leicht und verneint. Daraufhin schiebe ich eine Frage hinterher: »Aber ist es nicht
so, dass wir ein Leben lang lernen?« Beide Rentner horchen
auf und stimmen nickend und respektvoll zu, weil ich aus

einer banalen Alltagssituation einen philosophischen Moment erzeugt habe. Mit einer Message, die die beiden vielleicht sogar mit nach Hause nehmen. Ich habe stets das Bedürfnis, aus einer Begegnung etwas Besonderes zu machen. Man kann auch normal seinen Standardtext abspulen. Einfach nur das Geld einkassieren und weitergehen. Man kann das richtig kühl gestalten. Ich habe da einen anderen Anspruch. Ich möchte dem Gegenüber ein schönes Gefühl geben und ich möchte Spaß an der Sache haben, auch aus den Gesprächen lernen. Und zudem stets meine Schlagfertigkeit trainieren. Diese proaktive Schlagfertigkeit anzuwenden, ist übrigens ein sehr gutes Mittel, um potenzielle Angriffe auf deine Person im Vorfeld schon zu verhindern. Wenn die Leute nämlich merken, dass du schlagfertig bist, sinkt die Gefahr für einen Angriff auf dich deutlich. Das ist eigentlich so wie bei den Atomwaffen. Besitzt ein Land die Atomwaffe, wirst du dir zweimal überlegen, ob du es einfach mal eben angreifst. Weil du auf den Gegenschlag vielleicht nicht so Bock hast und der dir sehr weh tun könnte.

Es gibt also zwei Arten oder Wege der Schlagfertigkeit. Pro- und reaktiv. Die proaktive Schlagfertigkeit kannst du sehr gut mit Wortspielen oder Wortwitzen bedienen. Die Menschen geben in ihren Gesprächspartnern so viele Möglichkeiten dazu. Man muss nur kreativ sein, mutig sein und sie zum richtigen Zeitpunkt einsetzen. Die Zeit ist ein ganz wichtiger Faktor bei der Schlagfertigkeit. Je schneller du bist, desto höher ist die Power deiner Verteidigung oder der Gegenschlag. Ich hatte es eingangs ja bereits beschrieben. Wenn dir eine pfiffige Antwort erst abends zuhause im Bett einfällt, dann ist es zu spät. Schlagfertigkeit braucht immer das Momentum. Ich erkläre dir das nochmal anhand eines Beispiels aus meiner Arbeit. Seit etwa dreizehn Jahren bewege ich mich mit öffentlichen Seiten im Social Web. Damals die zwei Satireseiten, jetzt mit Bolzplatzkind. Und ich habe auch als Ghostwriter für andere Unternehmen und Personen die Accounts betreut. Bei meinen Vorträgen, in denen ich über die Arbeit im Social Web spreche, zeige ich den Leuten immer auch, wie man Top-Kommentare schreibt. Nach so vielen Jahren der Erfahrung kann ich heute auf Kommando einen Top-Kommentar unter einem Beitrag schreiben. Ich werde dir jetzt nicht komplett erklären, wie das geht. Doch eine Sache schneide ich kurz an. Postet ein Account, dem du folgst, einen Beitrag, musst du schnell sein. Und gut. Grundvoraussetzungen für einen Top-Kommentar sind Schnelligkeit und Qualität. Und auch Emotionalität. Du kannst also was Lustiges schreiben oder was sehr Respektvolles und Wertschätzendes, das vielleicht Gänsehaut auslöst. Wichtig ist, dass du dich klar, präzise und verständlich ausdrückst. Du darfst nicht stundenlang warten. Manche kommen nach acht Stunden noch an und schreiben einen Kommentar und dem Beitrag, in der Hoffnung, Top-Kommentar zu werden. Das funktioniert maximal noch, wenn dein Account einen blauen Haken hat. Weil er dann sowieso priorisiert angezeigt wird und mehr auffällt. Wenn du jedoch einen guten Kommentar binnen Sekunden verfasst, erhöht sich die Chance natürlich extrem, dass in den nächsten Minuten viele andere deinen Beitrag lesen. Du hast also einfach mehr Zuschauer und kannst in dem Moment genau das schreiben, was alle denken. Das ist sowieso eines der besten Mittel der Schlagfertigkeit. Das auszusprechen, was alle denken. Dafür braucht es natürlich

Mut. Sonst würde es ja jeder tun. Und du musst dich auch ausdrücken können. Daran kann man aber eben arbeiten. Schreibe kurz und pointiert. Oder sehr emotional und ausführlich. Du musst dich einfach unterscheiden von den anderen. Wenn beispielsweise ein Schauspieler auf seinem Instagramkanal das erste Mal über seine Alkoholsucht spricht. Dann könntest du schreiben: »Krass. Dir nur das Beste.« Wie wahrscheinlich ist es, dass dies ein Top-Kommentar wird? Ja, es ist krass. Aber ist es lohnend für die anderen User, diesen Kommentar zu liken? Nein, weil mittlerweile schon fünfzehn andere das gleiche geschrieben haben. Wenn du aber schreibst »Krass. Ich bin schockiert und gleichzeitig auch glücklich, dass du den Mut gefunden hast, öffentlich darüber zu sprechen. Es war sicherlich ein großer Druck, der auf dir lastete. Ich wünsche mir von Herzen, dass dieser erste Schritt der Anfang deiner Heilung ist. Wir werden weiter hinter dir stehen. Viel Kraft für diese Zeit und danke, was du uns bisher alles gegeben hast.« Top-Kommentar. Garantiert. Sogar der Schauspieler wird auf diesen wertschätzenden und respektvollen Kommentar reagieren. Genau wie hunderte oder tausende andere User. Weil er mehr ist als der Rest. Weil ein wenig Arbeit drinsteckt. Empathie. Weil du viele Bereiche abdeckst. Die du mit vier Worten eben nicht abdecken kannst. Doch auch das muss schnell gehen. Und das kannst du trainieren. Schnell gute Kommentare zu posten. Das ist Schlagfertigkeit. Wenn Oliver Pocher jetzt beispielsweise einen solchen Post raushauen würde, kannst du auch mit Garantie einen Top-Kommentar schreiben. »Dann haben wir nun endlich die Gewissheit, dass du bei all deinen Auftritten der letzten Jahre wirklich nicht zurechnungsfähig warst. Das hilft den Opfern vielleicht.« Tausende Likes. Garantiert. Weil viele Menschen ihn nicht mögen. Dieser Kommentar war nicht meine Meinung. Sondern nur ein Beispiel. Ich stehe sowieso ganz locker zur Comedy und Satire. Ich wollte dir nur zeigen, wie leicht es eigentlich ist, schlagfertig zu sein und damit auch das auszusprechen, was viele denken. Nicht ich in diesem Fall. Du musst halt binnen Sekunden überlegen, was dein Ziel ist. Und dann losschreiben. Wenn du magst, trainier das mal. Zur Not mit einem Fakeaccount, wenn du wirklich nur ausprobieren möchtest, ohne deinen echten Namen dafür herzugeben. Du wirst merken, wie schnell du besser wirst. Schneller und präziser. Und das Training überträgt sich dann auch automatisch auf das echte Leben offline. Wichtig ist, dass du Schlagfertigkeit trainierst. Auch sie ist wie ein Muskel, der größer und stärker werden kann, wenn man ihn belastet. Und daran siehst du auch, dass ein Seminar nicht reicht, um schlagfertig zu sein. Deine Muskeln und ihre Kraft wachsen nicht an zwei Tagen. Sondern in vielen Jahren. Deswegen gehört die Redekunst auch zur Lebenskunst.

Schlagfertigkeit und Redekunst sind also eng miteinander verknüpft. Wer gut reden oder schreiben kann, erhöht schon mal deutlich seine Chancen, schlagfertig sein zu können. Denn was es vor allem braucht, ist Mut. Und den richtigen Zeitpunkt. Ich habe das oft, wenn jemand vor einer Gruppe spricht. Irgendwas wird gesagt. Und jetzt habe ich ergänzend einen guten Joke dazu. Ich muss genau den richtigen Zeitpunkt treffen. Dass ich dem Vortragenden nicht ins Wort falle, gleichzeitig aber auch nicht zu lange warte,

sodass der Witz verpufft. Da bedarf es an Fingerspitzengefühl. Weil du deinem Joke ja auch die volle Aufmerksamkeit
entgegenbringen möchtest, um die bestmögliche Wertschätzung dafür zu erfahren. Das ist wirklich oft ein Draht-
seilakt. Denn gleichzeitig darfst du dich bei einem Witz
nicht versprechen, musst richtig betonen, die richtige Laut-
stärke wählen, sonst verliert er seine Pointe. Aber auch das
ist alles trainierbar. Man muss es nur üben. Und weißt du
was? Manchmal geht es auch schief. Der Joke kommt nicht
rüber. Du wählst den falschen Zeitpunkt. Wirst nicht gehört, dann wiederholt jemand deinen Witz zum richtigen
Zeitpunkt und plötzlich lachen alle. Unfair. Aber alles Realität. Aber halt immer weitermachen. Nicht aufgeben. Sondern einfach lernen und besser werden. Und stets mit dem
Vertrauen unterwegs sein, immer eine Antwort zu haben.

Lass mich zum Schluss noch über eine meiner wichtigsten
Situationen sprechen, in denen ich schlagfertig war. Bamberg. Erster Tag meines Studiums. Erste Vorlesung. Ich war
nicht da. Warum? Ich zog einen Tag vorher von Hamburg
aus in die neue Stadt, um dort drei Jahre zu studieren. Alles
auf der Basis von der Zusage, Bafög zu erhalten. Doch ich
war bereits auf dem Weg zu meiner neuen Wohnung, als ich
erfuhr, dass ich doch kein Bafög erhalten werde. Nun
musste ich mir die Existenzfrage stellen. Und ging direkt am
ersten Tag in Bamberg zum Jobcenter. Um zu fragen, was
möglich ist. Dadurch konnte ich nicht rechtzeitig zu meiner
ersten Vorlesung *Einführung in die Kommunikationswissenschaften* erscheinen. Nach dem Termin fuhr ich jedoch direkt los. Und kam zehn Minuten vor dem Ende der Vorlesung an, setzte mich leise vorne in die erste Reihe, um nicht

groß zu stören. Hinter mir, einige Reihen weiter oben: Etwa 400 Studenten. Meine neuen Kommilitonen. Ich kannte noch keinen. Nun setzte ich mich ganz ruhig hin und dann meinte die Professorin, mir einen Spruch drücken zu müssen. Weil sie sich vermutlich etwas Respekt zu Beginn des Semesters verschaffen wollte. Nicht wissend, wen sie vor sich sitzen hatte. Zudem war ich so genervt von meiner Lebenssituation an sich und diesen unklaren Verhältnissen. Und gleichzeitig wollte ich der Professorin und auch mir zeigen, dass ich es mit diesem Studium ernst meine und auch deshalb als Zeichen die zehn Minuten mitnehmen wollte. Sie dachte wohl, ich hätte verschlafen oder keinen Bock gehabt, früher zu kommen. Und sagte laut vor allen durch den ganzen Hörsaal: »Denken Sie, dass es noch was bringt, zehn Minuten vor Ende der Vorlesung zu kommen?« Daraufhin erwiderte ich kurz und knapp: »Ja!« Sie wollte wohl das letzte Wort haben und antwortete mit »Das glaube ich nicht!«. Daraufhin sagte ich direkt: »Glauben ist nicht wissen.« Boom. Der saß so tief. Ich hörte das Lachen und spürte die Bewunderung der Studenten über meine Schlagfertigkeit. Nach der Vorlesung »zitierte« sie mich noch zu sich. Weil das so an ihrem Ego kratzte. Aber ja, das war eben ein Eigentor. Und völlig unnötig. Doch das Gute war, dass ich vom ersten Tag an all den Respekt der Kommilitonen meines Studienganges hatte. Sie wussten, dass dieser Typ Eier hat und man sich mit dem verbal vielleicht nicht mal eben so anlegen sollte. Ich habe durch einmal mutig und schlagfertig sein, ein Image für drei Jahre aufgebaut. Ich sollte der Professorin dankbar sein, dass sie mich angegriffen hat. Bereits nach der Vorlesung kamen schon einige Studenten bei mir an und klopften mir für meine Antwort auf die Schulter. Oder Wochen später erzählten mir die Leute, als ich sie kennenlernte, wie geil sie das fanden. Es war ja nicht mal eine krasse Antwort. Aber es hat gereicht, um Mut zu zeigen und spontan mit Stärke und Selbstvertrauen zu reagieren. Und vor allem habe ich eine künstlich kreierte Autorität ihrerseits, denn die Professorin wollte ja ihre Position ausnutzen, erstmal zurechtgerückt.

Zusammenfassung und Aufgaben:

- Schlagfertigkeit erlernt man nicht in zwei Tagen oder durch ein Zertifikat. Um richtig schlagfertig zu sein, musst du sehr viel trainieren und das dauert Jahre. Es ist ein Prozess und passiert nicht von heute auf morgen. Außerdem muss man es in echten Lebenssituationen üben und sich vor allem selbst immer Feedback geben, um zu lernen. Aber es ist nie zu spät, damit anzufangen. Weil du dadurch steuern kannst, wie Menschen mit dir umgehen.

- Mach es zu deiner Lebensaufgabe, auf alles eine Antwort zu haben. Die Antwort kann auch eine Gegenfrage sein, um den Angriff deines Gegenübers zu entschärfen, ihn aus einer erhöhten Position zu holen, ihm seine Grenzen aufzuzeigen oder auf natürliche Weise die Autorität zu regulieren.

- Wie schlagfertig ist dein Rival? Dein Rival liebt das Spiel mit der Schlagfertigkeit. Er geht sogar proaktiv in die schlagfertige Kommunikation, um den Menschen erstens ein gutes Gefühl zu geben, zweitens das

Eis für Gespräche zu brechen, aber auch aufzulockern und um deutlich zu machen, dass ein verbaler Angriff auf ihn, für jeden ein Risiko bedeutet.

- Was tut dein Rival, um seine Schlagfertigkeit weiterzuentwickeln? Dein Rival weiß, dass es bei der Schlagfertigkeit auf Schnelligkeit, Kreativität, Mut, Qualität und Präzision ankommt. Er bringt sich immer wieder bewusst in Situationen, in denen er Schlagfertigkeit üben kann. Er weiß auch, dass Schlagfertigkeit eine in der Gesellschaft sehr hoch angesehene Eigenschaft ist. Als Mann kommt man damit bei Frauen sehr gut an. Weil es zeigt, dass du dich zu jeder Zeit wehren und damit auch die Frau beschützen kannst. Doch auch im Business beweist man damit Stärke. Und Schlagfertigkeit kann der Schlüssel sein, um Kunden davon zu überzeugen, dein Produkt zu kaufen.

- Welche Situationen fallen dir ein, in denen du sehr schlagfertig warst? Schreibe mal ein paar auf. Und vielleicht erinnerst du dich auch an Momente, in denen du so gar nicht schlagfertig warst. Warum war das so, was fehlte dir in dieser Situation? Schreib doch auch das bitte einmal auf.

Glück haben und Glücklichsein.

Im Deutschen hat das Wort Glück zwei Bedeutungen. Einmal das nicht beeinflussbare Zufallsglück wie bei den Lottozahlen und einmal das Glück, welches von einem Individuum als momentan oder auch länger anhaltend positive Empfindung des Lebens beeinflusst werden kann. Zweiteres beschreibe ich auch als Glücklichsein. Und darauf möchte ich mich in diesem Kapitel fokussieren.

Gleichzeitig kann man aber auch darüber diskutieren, ob das Zufallsglück wirklich nicht beeinflussbar ist und ob es Zufälle überhaupt gibt. Für diese Form des Glücks gibt es einen sehr spannenden Glaubenssatz. Glück ist, wenn Vorbereitung auf Gelegenheit trifft. Und ich liebe diesen Ansatz. Gehen wir mal davon aus, jemand sucht eine neue Wohnung. Irgendwann bekommt er eine Wohnung. Hier in Hamburg zum Beispiel. In den beliebten Stadtteilen. Dann sagen die Freunde: »Boah, da hast du aber echt Glück gehabt!«. Eben weil es so schwierig ist, in Hamburg eine Wohnung zu finden. Aber hatte der Wohnungssuchende wirklich Glück? Klar, wenn du das erste Mal online schaust, es ist vor fünf Minuten ein neues Inserat hochgeladen worden, du bist der erste, der anruft und der Vermieter sagt sofort ja, dann würde ich das als Glück bezeichnen. Beziehungsweise Schicksal oder Universum. Aber darauf gehen wir zu einem anderen Zeitpunkt ein. In den meisten Fällen sucht man jedoch Wochen oder Monate nach einer Wohnung. Und genau in dieser Zeit geht es um die Vorbereitung. Du tust quasi alles, um das Glück zu erzwingen. Man sagt ja auch, dass Glück der Tüchtige hat. Und das Tun kann man hier mit dem Wort Vorbereitung gleichsetzen. Um eine neue Wohnung zu bekommen, musst du also handeln. Portale durchforsten, Mails schreiben oder anrufen. Durchs Anrufen erhöhen sich deine Chancen enorm. Da sind wir wieder beim Anderssein und den damit verbundenen Vorteilen. Mails bekommen die Makler oder Vermieter zahlreich. Doch wo kann man schneller das Vertrauen gewinnen und zeigen, dass man für diese Wohnung geeignet ist, als am Telefon. Darüber hinaus muss ich proaktiv Menschen fragen, ob sie vielleicht etwas gehört haben von einer freien Wohnung. Man muss sich mitteilen. Nur wer fragt, dem kann geholfen werden. Du bekommst im Leben nichts geschenkt und die Leute werden nicht einfach so mit einem Wohnungsangebot auf dich zukommen. Ich habe manchmal das Gefühl, dass Menschen sich für so wichtig halten oder auch so ungerecht behandelt fühlen, dass doch bitte alles auf sie von allein zukommen möge. Das passiert aber nicht. Du musst die Dinge durch Gedankenkraft anziehen, also erstmal daran glauben, dass du es schaffst, in diesem Fall eine neue Wohnung zu finden. Und dann musst du in die Handlung, also Vorbereitung kommen. Wie eben beschrieben. Und dann, ja dann kommt irgendwann die Gelegenheit. Dann liegt das Angebot vor. Dann hast du die Chance, zuzusagen. Und dann ist das Glück plötzlich da. Dann kannst du deinen Freunden von diesem »Glück« berichten. Was ja kein wirkliches Glück war. Hier traf einfach deine Vorbereitung auf die Gelegenheit. An diesem Beispiel erkennst du, dass doch gar nicht so vieles im Leben zufällig passiert. Und man relativ viel beeinflussen kann. Dieter Lange sagt »Gewinner erkennt man am Start, Verlierer auch.« Und da steckt so viel drin. Ob du gewinnst oder verlierst, es liegt immer daran, wie du eingestellt bist. Ob du nur an Zufälle glaubst. Oder eben auch an Beeinflussung. An Vorbereitung und Gelegenheit. Du bist mächtiger, als du es vermutlich für möglich hältst. Das siehst du schon daran, dass du heutzutage mit nur einem Video, mit nur einem Upload die ganze Welt erreichen und auch verändern kannst.

Nun kommen wir zum Glücklichsein. Ich habe neulich gelesen, dass man Glücklichsein lernen kann. Was meinst du? Ich stimme zu. Du kannst es ja beeinflussen. Und deshalb kann man es trainieren. Aber was ist Glücklichsein denn genau. Den Begriff interpretiert jeder Mensch sicherlich unterschiedlich. Für mich hat das Glücklichsein ganz viel mit dem inneren Frieden zu tun. Den ich seit vielen Jahren gefunden habe. Ein Dauerzustand. Also der länger anhält und nicht nur von kurzer Weile ist. Alles andere ist dann Spaß oder Freude. Wenn jemand einen guten Witz macht. Wenn man Achterbahn fährt. Wobei das für mich persönlich eher eine Nahtoderfahrung ist. Aber du weißt, was ich meine. Die kürzeren Momente der Euphorie, des Lachens. Ich dachte früher immer, dass ich genau diese Momente sammeln muss. Und zwar ganz viele. Um dauerhaft glücklich zu sein. Was für ein Irrglaube, denke ich mir heute. Da jagst du von einer Party zur nächsten, stets treu begleitet von großzügig gemischten Longdrinks oder halbschalen Bieren. Das gab mir alles so unfassbar viel früher. Hier nochmal hin und dort nochmal Spaß haben. Ja, »leb dein Leben« heißt es ja. Immer dem Vergnügen hinterher. Für das man tausende von Kilometern auf sich genommen und auch unfassbar viel

Geld ausgegeben hat. Wenn du das Endorphin- und Adrenalinlevel durch schnell aufeinanderfolgende Events dauerhaft hochhältst, dann geht es dir ziemlich lange gut. Das bedeutet allerdings auch viel Stress. Und Druck. Denn es kommen ja diese Phasen dazwischen. Wenn du im Bett liegst. Nicht einschlafen kannst. Also ich kenne das von anderen. Ich kann immer schlafen. Ein Glück. Aber du verstehst meinen Punkt, denke ich. Die Momente der Ruhe, die viele nicht ertragen können. Weil sie dann eben spüren, dass sie nicht wirklich glücklich sind. Und dass sie nicht ihren inneren Frieden gefunden haben. Der so viel mehr ist als Freude und Spaß. Diese Lebensstrategie, oder nennen wir das vielleicht lieber mal *Lebensautomatismus*, weil diese Art und Weise des Lebens vielen glaube ich gar nicht bewusst ist, dieser Automatismus ist ja geprägt von physischer und psychischer Abhängigkeit und folgt eigentlich einem hedonistischen Weg. Es geht nur um Lustgewinn. Nicht um Aufgaben und Verantwortung. Nicht um Selbstverwirklichung. Nicht um Beziehungen. Sondern nur um das Hier und Jetzt. Um die Befriedigung von Trieben und um Sinnesgenuss. Das Leben richtet sich dann nur nach Genuss und Gefühlen aus. Und solch ein Leben steht dem Glücklichsein im Weg. Meiner Ansicht nach. Du weißt, dass ich in jungen Jahren sehr viele Gefühle unterdrückt habe und zu wenig hedonistisch lebte. Denn ich glaube, dass der Hedonismus immer ein Teil unseres Lebens sein sollte. Denn er treibt uns auch an. Für größere Dinge. Ich habe dann vieles davon nachgeholt. Wir balancieren alles immer irgendwann aus im Leben. Das ist die Natur. Doch jetzt sage ich dir einen entscheidenden Satz. Wenn du nur noch nach deinen Sinnen lebst, fehlt der Sinn, nach dem du strebst.

Und der Sinn, das Warum im Leben, ist meiner Meinung nach ein entscheidender Faktor für das Glücklichsein. Genau wie die Wertschätzung. Und Dankbarkeit. Wenn ich dauerhaft dankbar bin für das, was ich habe. Wenn ich jeden Tag das wertschätze, was ich habe. Dann gibt es schon ganz viele Gründe, glücklich zu sein. Anfangs mag das noch ungewohnt sein. Wenn man sich jeden Tag selbst daran erinnern muss. Doch irgendwann verinnerlicht man. Und dann entsteht so ein dauerhaftes Gefühl. Mit dem du im Bett liegen, auf dem Bürostuhl oder in der Bahn sitzen kannst. Du fühlst dich glücklich, ohne ständig etwas oder jemandem hinterherjagen zu müssen. Weil du den Spaß und die Freude in anderen Dingen findest. Und genauso wichtig ist eben der Sinn im Leben. Warum mache ich das hier alles? Ich erzählte dir davon, dass ich in jüngeren Jahren mein Leben beenden wollte. Doch eine innere Stimme in mir sagte, »Henoch, du bist neunzehn Jahre alt. Das kann es noch nicht gewesen sein!« Warum hörte ich denn auf diese Stimme? Weil das Leben mehr für mich vorgesehen hatte. Es war eine Bitte, ein Hilferuf des Universums. Welches mir doch so viel schenken möchte. Es wollte mir zeigen, was es kann. Wie ein kleines Kind, das mit seinem Vater spricht. »Guck mal Papa, das kann man alles damit machen.« Ja, und ich vertraute dieser Stimme aus dem Off. Dass es Pläne, Chancen und Möglichkeiten für mich bereithält. Dass sich das Universum in all seiner Schönheit zeigen kann. Die geprägt ist von all den Aufs und Abs des Lebens. Trauer und Enttäuschung sind für den Moment nicht schön. Doch in der Gesamtheit betrachtet, ist dieses Yin und Yang des Lebens doch etwas Schönes. Weil das eine ohne das andere nicht funktioniert. Weil dich all die schmerzhaften Situationen in deinem ganzen Sein glücklicher machen. Auf Dauer. Wenn du dich dafür öffnest.

Und so hat mein innerer Frieden und mein Glücklichsein ganz viel mit Vertrauen zu tun. Vertrauen darin, dass alles im Leben seinen Sinn hat. Dass das Leben immer für und nicht gegen mich ist. Wenn mir etwas Gutes passiert, dann drehe ich nicht himmelhochjauchzend durch. Und wenn mir etwas Schlechtes passiert, dann breche ich nicht unter Tränen zusammen. Ich schätze das alles einfach realistisch ein. Was nicht bedeutet, dass man für den Moment keine Emotionen wie Freude oder Trauer zeigen sollte. Im Gegenteil, die Reaktion auf das Erlebte muss raus. Und ist auch ein wichtiges Ventil für das Glücklichsein. Doch ich weiß, dass Emotionen vergänglich sind. Nachlassen. Und so bringt es nichts, von ihnen dein Glück abhängig zu machen. Mich macht das Vertrauen in den Prozess meines Lebens glücklich. Dass ich weiß, nach Regen kommt auch wieder Sonne. Und andersherum. Dieses Wissen und diese Verlässlichkeit geben mir eine innere Ruhe, meinen inneren Frieden und das Vertrauen, ich kann mit allem umgehen, was mir passiert. Und damit sind wir bei einem wichtigen Wort. Etwas *passiert*. Man sagt ja auch, der Zug habe soeben die Grenze passiert. Oder ein Fahrradfahrer die Brücke. Eine *Passage* bedeutet im Deutschen *ein Durchgang*. Da steckt ja schon ganz viel an Information drin. Dass etwas in Bewegung ist und nicht stehenbleibt. Wenn etwas passiert, bewegt es sich immer von der einen Richtung in die andere. Und für den Beobachter nur kurze Dauer sichtbar. Nun übertrage das doch mal auf das Leben. Wenn etwas ganz

Schlimmes passiert ist. Dann ist es ja schon vorbei. Und auf dem Weg, sich von dir zu entfernen. Du kannst es gleich schon vermutlich nicht mehr sehen. Außer, du rennst hinterher. Verfolgst diese Sache. Dann passiert es dich nicht. Sondern führt oder leitet dich. Gibt deine Wege vor. Du reagierst nur, statt zu agieren.

Stellen wir uns doch mal folgendes Szenario vor. Wir beide setzen uns gemeinsam an das Ufer eines Flusses. Jeder hat einen Liegestuhl. Wir schauen aufs Wasser. Und nun lassen wir all das Schlechte aus deinem Leben einmal an uns vorbeifahren. Jedes Problem ist ein Schiff oder Boot. Und es trägt auch den Namen des Problems. Vorne an der Seite groß und deutlich für uns zu lesen. Und während das Boot an dir vorbeifährt, erzählst du mir ein wenig mehr über das Problem. Währenddessen merkst du, dass du gar nicht so viel Zeit dafür hast. Weil schon das nächste Problem kommt. Die nächste Hiobsbotschaft passiert das Flussufer, an dem wir sitzen. Und nach ein paar Stunden hast du es satt, ständig darüber zu sprechen und dich damit zu beschäftigen. Bis du zu mir sagst: »Henoch, lass das Schlechte passieren. Es verschwindet doch eh so schnell wieder. Und schon kommt das nächste. Das wird hier so oder so alles passieren. Lass uns aufstehen und der Kapitän unseres Lebens werden. Lass uns vor- und zurückfahren, hin und her. Lass uns das Leben lenken. Das Leben ist ein Fluss. Das Schlechte fließt genauso zu und ab wie das Gute. Um glücklich zu sein, hilft es dir oft, dich und dein Leben aus der Metaperspektive zu beobachten. Mal innezuhalten, Luft zu holen. Meine damalige Psychologin hat mir in einer Sitzung mal eine schöne Übung gezeigt. Du legst dich auf den Rücken. Schließt die Augen. Atmest richtig durch. Keine flache Atmung, sondern bis tief in den Bauch hinein. Dann stellst du dir vor, dass du auf einer grünen Wiese liegst. Und in den Himmel schaust. Dort siehst du Wolken. Sie ziehen von rechts nach links. Und deine Gedanken sind die Wolken. Du betrachtest sie von außen. und lässt sie einfach ziehen. Jeder neue Gedanke ist eine neue Wolke, die du von rechts nach links ziehen lässt. Du wirst merken, dass du sehr entspannst. Und dann auch zügig einschläfst. Es ähnelt stark dem Szenario am Fluss. Am Ende geht es eigentlich in beiden Situationen darum, dass du nicht getrieben wirst. Oder besser gesagt, dich nicht treiben lässt. Weder auf dem Boot noch auf der Wolke sitzt. Denn dann würdest du dem Problem oder dem Gedanken ja ständig folgen. Und quasi selbst zu dem Problem werden.

Das war jetzt ein ganz schön weiter Ausflug zum Thema Vertrauen. Doch mein innerer Frieden, mein Glücklichsein basiert genau darauf. Dass ist nicht immer unbedingt steuern kann, was mir widerfährt. Doch ich entscheide, wie ich darauf reagiere. Und das schenkt mir Sicherheit. Jene Sicherheit, die es mir ermöglicht, immer einen Weg zu finden, mit Situationen umzugehen. Kurz zu weinen, wenn etwas Trauriges passiert. Kurz zu lachen, wenn wir gerade Glück hatten. Sich dann aber auch schnell wieder einpendeln und weitermachen. Immer diese Gewissheit zu haben, dass alles im Fluss ist. Dynamisch. Nichts ist heute so wie morgen. Auch du nicht, deine Zellen verändern sich jeden Tag. Und doch ist alles so verlässlich. Es klingt so paradox. Ist es auch. Und doch ist es die Realität.

Nun möchte ich nochmal auf den Sinn und das Warum im Leben eingehen. Und warum es mich glücklich macht. Ich denke, dass jeder hier auf Erden eine Aufgabe hat. Manche fangen niemals an, nach ihr zu suchen. Diese Menschen funktionieren einfach nur. Leben das Leben anderer. Und vergessen sich dabei selbst. Ich habe das in meiner Kindheit und Jugend ja weitestgehend auch gemacht. Mich navigationslos treiben lassen. Von den Glaubenssätzen anderer. Bis auch ich mir die Frage stellte nach dem Warum. Warum stehe ich morgens auf und was ist eigentlich meine Aufgabe hier in dieser Welt? Ich bin der Antwort schon sehr nahegekommen, denke ich. Eine Aufgabe von mir scheint es zu sein, zu schreiben. Einfach zu sagen, wie es ist. Dinge beim Namen zu nennen. Und das auszudrücken, was viele nicht ausdrücken können. Darin liegt meine Gabe und somit ist es auch meine Aufgabe. Und dadurch habe ich schon Millionen von Menschen erreicht. Ich transportiere Gefühle und Emotionen, aber auch Werte und Wahrheiten. Neben der Wahrheit kämpfe ich auch für Gerechtigkeit. Ich möchte, dass Menschen ehrlich sind. Zu sich und anderen. Und ich möchte Menschen helfen. Die Unterstützung brauchen in einem Moment der Schwäche. So wie ich damals. Vielleicht sollte ich all den Schmerz erfahren, um selbst so stark zu werden, dass ich anderen helfen kann.

Ich bin damals auch jeden Tag für meine damalige Freundin aufgestanden. Jeden Tag habe ich für sie gekämpft. Zehn Jahre lang war auch das mein Warum. Tagtäglich versuchte ich, sie zu motivieren, weiterzumachen. Weiterzukämpfen, nicht aufzugeben. Und weißt du, was krass war. Als es hieß, dass der Krebs wieder zurück ist. Das vierte Mal. Und sie sagte: »Henoch, ich werde keine Chemo mehr machen. Ich kann das kein viertes Mal.« In dem Moment, wo sie es sagte. Ich wusste, dass ich sie gar nicht mehr vom Gegenteil überzeugen musste. Weil sie das so klar und deutlich sagte, dass ich sie sofort verstand. Und es auch sofort akzeptierte. Es war das erste Mal in zehn Jahren, dass ich das Gefühl hatte, aufgegeben zu haben. Das war krass, weil sie wirklich auch zu meinem Warum geworden war. Und das hat mir unfassbar viel gegeben. Ich habe durch diese Kraft so viel erreicht. Für sie, aber auch für mich. Und auch für andere. Und wenn dir dieses Warum auf einmal wegbricht, dann fühlt sich das richtig komisch an. Ich habe den Schalter natürlich schnell umgelegt. Weil ich ja nur ihr Bestes wollte. Und noch immer will. Sie ist dann umgestiegen auf eine rein natürliche Heilung. In unterschiedlichsten Farben und Formen. Erfolgreich. Es ist so krass, was die Psyche alles ausmacht. Und anstellt mit dem Körper. In alle Richtungen. Auf jeden Fall musste ich mein Warum danach auch erstmal neu definieren. Wir waren zu dem Zeitpunkt zwar nicht mehr zusammen, doch meine Aufgabe, ihr zu helfen, hörte ja nie auf. Und ich weiß von ihr, dass mein Warum sie auch motivierte, weiterzuleben. Du kannst mit deinem Warum ein Warum für andere Menschen sein. Auch das kann deine Aufgabe im Leben sein. Für deine Kinder. Partner. Freunde. Familie.

Ich habe nach meinem abgebrochenen Studium der Volkswirtschaftslehre, welches ich nach dem Abitur startete, eine Ausbildung zum Sport- und Fitnesskaufmann gemacht. Zweieinhalb Jahre. Es war für mich der blanke Horror. Jeden Morgen hätte ich geweint, wenn ich es könnte, weil ich keinen Bock hatte, dort hinzugehen. Aber ich zog durch. Weil ich nicht wieder etwas abbrechen wollte. Es mir und den anderen beweisen wollte. Eines habe ich während meiner Ausbildung für mich erkannt: Ich möchte nie wieder angestellt sein. Ich wollte nicht, dass man meine Ideen im Keim ersticken lässt. Aus egotechnischen Gründen. Ich wollte keine Kontrollanrufe, Maßregelungen oder klein gehalten werden. Ich wollte nicht mit Menschen zusammenarbeiten, die nach oben buckeln und nach unten treten. Schwächlinge machen das. Ich wollte mir morgens im Büro nicht anhören müssen, dass die rote Kaffeetasse doch links in den Schrank gehört und nicht rechts, wenn ich den Geschirrspüler ausräumte. Mit solchen Kleinigkeiten möchte ich mich einfach nicht beschäftigen. Weil sie so egal sind. Ich wollte mich um die größeren Dinge kümmern. Um die wichtigen. Die mit Bedeutungskraft. Ich wollte die Welt verändern. Sie anpacken, was besser machen. Und mich nicht von kleingeistigen Möchtegernchefs limitieren lassen. Mein Potenzial entfalten. Alles aus mir rausholen. Und ich verstehe jeden, der sich in einem Angestelltenverhältnis befindet, welches ihn klein hält und belastet, wenn er sich auf den Freitag freut und den Montagmorgen verflucht. Weil ich das in meiner Ausbildung selbst so erlebt habe. Mittwochabend wurde schon Bergfest gefeiert. Ich habe nur aufs Wochenende gewartet, um erlöst zu sein von all dem Dreck. Und das hat mich auf Dauer unglücklich gemacht. Sehr sogar. Und immerhin habe ich ein Drittel meines Tages dort verbracht. Natürlich beeinflusst das meine Stimmung und mein Zufriedenheitslevel. Ich möchte hier allerdings einmal betonen, dass ich ein Angestelltenverhältnis nicht abwerte. Bitte nicht falsch verstehen. Nicht jeder kann selbständig sein und wir brauchen Angestellte, damit unser Leben funktioniert. Ich will ergänzen, dass man auch in einem Angestelltenverhältnis glücklich sein kann. Wenn man der Typ dafür ist und vor allem, viel wichtiger, wenn man mit Chefs und Vorgesetzten, aber auch Kollegen zusammenarbeitet, die einen guten Charakter haben, die mit dir und nicht gegen dich arbeiten, die dich motivieren und wertschätzen. Monetär und verbal. Und es gibt diese Arbeitgeber. Und mit etwas Vorbereitung bekommst du die Gelegenheit, so einen zu finden. Und dann können deine Freunde wieder sagen, dass du Glück gehabt hast.

Heute liebe ich jeden Tag. Von Montag bis Sonntag. Ich arbeite gerne. Ich fühle die Montagmemes nicht mehr. Ich habe einfach nur Bock, zu arbeiten. Es gibt keinen Tag mehr, an dem ich nicht arbeite. Ich wache mit der Arbeit auf und schlafe damit ein. Nun denkst du vielleicht, dass ich ein Workaholic bin, der sich in die Arbeit flüchtet und vor seinen Problemen wegrennt. Glaubst du das wirklich von mir? Nach all dem, was du von mir schon erfahren hast? Ich hoffe nicht. Denn ich schaue der Wahrheit stets ins Auge. Und Arbeit erfüllt mich. Mich selbst zu verwirklichen, Menschen bewegen. Inspirieren. Verändern. Mich und andere. Dass ich gerne freiwillig arbeite, das beeinflusst meinen inneren Frieden sehr stark. Ich habe einfach viel Zeit in meinen jungen Jahren vergeudet. Und ich möchte einfach mein Potenzial ausschöpfen. Ich möchte am Ende meines Lebens auf dem Sterbebett liegen und sagen: »Ja, ich habe alles versucht und das, was mir gegeben wurde, genutzt, um mich und die Welt ein bisschen besser zu machen. Jeden Tag.«

Ich bin davon überzeugt, dass Glücklichsein eine Entscheidung ist. Nämlich die Entscheidung, wie du auf Dinge reagierst. Sicherlich gibt es auch natürliche Faktoren, die das Glücklichsein beeinflussen. Sonnenlicht zum Beispiel. Ich kenne einige Menschen aus südlicheren Regionen, für deren Organismus die Sonne eine andere Rolle spielt als für mich als Norddeutschen. Das wird in den Genen schon so verankert sein. Und das hängt dann sicherlich auch mit Reaktionen im Körper zusammen, wenn die Sonneneinstrahlung geringer wird und das dein Wohlbefinden beeinflusst. Diese Menschen haben es in kühleren Regionen sicherlich nicht leichter. Der Mensch wurde ja sicherlich einst nicht dafür geschaffen, um in so kurzer Zeit so viele Kilometer zurückzulegen. Das sollte diesen betroffenen Menschen auch immer bewusst sein. Manche gehen dann wieder aus dem »kühlen Deutschland« zurück in ihre Heimat. Der Grund dafür ist dann oft aber auch gar nicht nur das Wetter. Sondern die deutsche Gefühlskälte, ein Leben voller Regeln. Die Versteiftheit unseres Landes. Und ich kann all das nachvollziehen. Wenn du aus einer anderen Kultur mit sehr viel Herzenswärme kommst, die viel von Nähe und Geselligkeit lebt, dass du es in Deutschland dann nicht leicht hast. Wo morgens um sieben in der Bahn kein Mensch etwas sagt. Wo dir jedes Husten unangenehm sein muss. Deutschland ist anders. Auch mir fällt das oft nicht leicht in meinem eigenen Land. Weil so viele so wenig locker sind und voller Angst. Ich habe selbst sehr viele deutsche Eigenschaften. Diese Pünktlichkeit zum Beispiel. Boah, was bin ich da streng. Mit mir und anderen. Aber das ist für mich halt eine Sache des Respektes. In beide Richtungen. Mein Mindset generell ist aber nicht wirklich deutsch. Und ich denke, dass das Glücklichsein in Deutschland schwieriger ist als in anderen Ländern. Du wirst hier viel mehr reguliert, von Gesetzen, aber auch von der Gesellschaft. Und das zunehmend. Dieses und jenes darf man nicht mehr sagen. Kein Spaß mehr, keine Witze. Man hört nur noch Empörung. Jeder steht gefühlt immer unter Beobachtung. Jeder Schritt in der Medienöffentlichkeit kann dein letzter sein, bevor du zur Persona non grata gelyncht wirst. Das befeuert die Angst. Diese German Angst. Ein Volk, das völlig überversichert ist. Hier noch eine Absicherung, dort noch eine Handyversicherung. Und was ist, wenn meine Haare von heute auf morgen lila werden. Kann man das versichern? Diese Angst ist in meinen Augen ein entscheidender Faktor, der das Glücklichsein stark beeinflusst. Nicht nur in Deutschland. Verstehe mich bitte nicht falsch. Nur hier ist sie sehr ausgeprägt. Historisch natürlich auch sehr gezüchtet und gewachsen. Das Obrigkeitsdenken im Kaiserreich, welches uns tatsächlich auch wirtschaftlich so stark gemacht hat, prägte ja diese Angstkultur. Unsere Gesellschaft war lange militärisch bestimmt. Das fand im Dritten Reich seinen Höhepunkt. Obrigkeitshörig wurden Befehle einfach ausgeführt. Wer dem nicht folgte, musste diesen Preis bekanntermaßen teilweise sogar mit seinem Leben bezahlen. All das steckt ja noch in unseren Genen, in unseren Familien. Ich denke auch, dass dieses Coronadiktat deshalb bei uns in Deutschland so krass funktioniert hat. Weil wir ein Volk voller Angst sind. Und deswegen weniger glücklich.

Eine weitere Komponente des Glücklichseins ist die Freiheit. Nicht frei zu sein, bedeutet eingeschränkt zu sein. So wie ich früher, als ich jung war. Ich durfte nicht das denken und sagen, was ich wollte. Weil es bestraft wurde. Und das macht auf Dauer unglücklich. Denn so kannst du deine Persönlichkeit nicht entfalten. Das tut dem seelischen Gleichgewicht gar nicht gut. Und kann so enden wie bei mir. In einer Depression. Viele sprechen ja immer von finanzieller Freiheit. Diese eine Million zu haben. Das ist für die Mehrheit das, was man im Leben erreichen muss, um erfolgreich und auch frei zu sein. Ich möchte da nur kurz drauf eingehen. Ja, mit mehr Geld hast du die Chance, freier zu sein. Doch es gibt so viele Menschen, die nur dafür so viel Geld bekommen, dass sie sich verstellen und nicht sie selbst sind. Denk darüber mal bitte nach. Wie viele Menschen bekommen einen hochdotierten Ausgleich, um zu lügen. Um Menschen zu täuschen. Ist das Freiheit? Dass du dann am Wochenende paarmal auf das Gaspedal deines Porsches treten kannst und glaubst, frei zu sein? Dir gehört das sowieso alles nicht. Verlierst du deinen Job, ist all das weg. Wie geht es dir dann? Frei bist du wirklich nur, wenn du dir Lebensumstände schaffst, mit denen du deinen Werten treu bleiben kannst, das denken und sagen kannst, was du möchtest und dein eigenes Potenzial entfalten kannst. Deinen eigenen Impulsen nachgehen kannst, wenn dich niemand limitiert. Wenn du entscheidest und nicht bloß ausführst für irgendjemanden. So wie in deinen eigenen oder gemieteten vier Wänden. Da bist du der Herr im Haus. Da bist du frei. Deswegen freust du dich auch immer so, wenn du nach der Arbeit nach Hause kommst. Weil du für den Moment frei bist. Und jetzt stelle dir einmal vor, du fühlst dich den ganzen Tag frei. Weil du deinen inneren Frieden gefunden hast. Wenn du dich von all den Ketten dieses Lebens befreit hast. Dann geht es dir gut. Dann bist du glücklich.

Zusammenfassung und Aufgaben:

- Wir unterscheiden Glück und Glück. Glück haben und glücklich sein ist ein Unterschied. Beide Formen des Glücks sind jedoch beeinflussbar. Wenn Vorbereitung auf Gelegenheit trifft, hast du Glück. Wenn du deinen inneren Frieden gefunden hast, bist du glücklich.

- Wie definiert dein Rival das Glücklichsein? Für ihn bedeutet das Liebe. Liebe zu sich selbst. Einfach das Gute zu sehen. In ihm, aber auch in anderen. Zu vertrauen, dass alles aus einem Grund passiert und dass das Leben es immer gut mit ihm meint. Dein Rival sucht stets nach einem Sinn in seinem Leben. Er gibt sich nicht einfach der Lust hin. Er weiß, dass ein hedonistischer Lifestyle ihn für den Moment befriedigt, es aber ins seelische Unglück führt, wenn er immer nur nach dem Vergnügen jagt.

- Du wirst glücklicher, wenn du all die Dinge wertschätzt, die du hast und dankbar für sie bist. Egal, ob es ein gesunder Körper ist oder deinen Geist, den du stets weiterentwickeln kannst. Lass die Dinge im Leben passieren. Die Probleme fahren schnell vorbei und schon kommen auch wieder neue. Schenke ihnen nicht so viel Bedeutung. Und lass dich nicht zu lange von ihnen emotionalisieren. Wir entscheiden, wie wir auf Dinge reagieren. Dein Rival weiß das schon. Er vertraut dem Universum. Er schöpft sein Potenzial aus und liebt es, sich selbst zu verwirklichen. Und frei zu sein.

- Auf einer Skala von 1-10, wie glücklich bist du aktuell? Ich meine das tiefe Glück, nicht die Sinne, die du gerade mit Alkohol oder Süßigkeiten betäubst. So generell, dein Lebensgefühl. Wenn du nicht mit 10 antwortest, was fehlt dir noch und wie kannst du es erreichen?

- Schreibe mal bitte ein paar Dinge auf, von denen du das Gefühl hast, dass sie dich schon länger belasten. Musst du ständig auf diesen Problemen mitreisen? Oder kannst du sie vielleicht mal von außen betrachten, passieren, also vorbeifahren und endlich loslassen?

- Was fehlt dir für deinen inneren Frieden? Ich liege abends im Bett und spüre diesen Frieden. Weil ich weiß, alles werde ich klären und regeln können. Egal, was kommt. Ich weiß, dass meine Stimmung davon abhängt, wie ich auf Dinge reagiere. Deswegen kann ich abends auch sehr gut einschlafen und freue mich, morgens gesund aufzuwachen und voller Tatendrang in den Tag zu starten. Weil ich dem Universum zeigen möchte, was ich aus all dem machen kann, das ich bekommen habe. Wie sieht das bei dir aus?

Stress fühlen und Balance finden.

Stress existiert eigentlich gar nicht. Stress macht man sich. Was hältst du von dieser Aussage? Ich sage, es stimmt. Wenn dein Körper jetzt nicht durch Zwang unter Strom gesetzt wird, beispielsweise, dann entsteht im Alltag ja kein wirklicher Stress für den Körper. Außer, wir verursachen ihn im Kopf selbst. Und das machen wir. Jeden Tag. Das ist auch menschlich. Weil unser Gehirn dadurch lernt und schlauer wird. Im Optimalfall. Aber dazu später mehr.

Stress im Deutschen geht auf das englische *stress* für »Druck, Belastung, Anspannung« von lateinisch *stringere*, also »anspannen« zurück. Und bezeichnet sowie in der Medizin als auch in der Physiologie und Psychologie einen durch spezifische äußere Reize (Stressoren) hervorgerufene physische und psychische Reaktionen bei Lebewesen, die zur Bewältigung besonderer Anforderungen befähigen und dadurch auch gleichzeitig zu körperlicher und geistiger Belastung führen. Wir haben es kurz gelesen. Äußere Reize. Aber ist das wirklich so? Das sind wir ja wieder bei dem, was passiert. Und kommen nun zu dem, was wir zulassen. Es gibt ja eigentlich zwei Formen von Stress. Einmal den, der sinnvoll ist (z.B. Regulierung von Schlaf, Fettstoffwechsel, Blutdruck und Entzündungen). Und dann den, der zum Dauerzustand und chronisch wird. Wenn der Körper ständig im Alarmzustand ist. Durch Probleme, Sorgen, Trauer, Mobbing oder auch zu viel Sport. Vereinfacht gesagt: Es gibt kurzen und langen Stress. Kurz ist natürlich und gesund. Lang macht krank, ist aber regulierbar. Und damit sind wir bei der Beeinflussung, bei der Macht über unser Leben. Denn wir entscheiden ja, wie wir auf Situationen reagieren.

Gehen wir mal von einem durchschnittlichen Mitarbeiter im Büro aus. Nine to Five. Achtstundentag. Schon bevor derjenige seine Arbeit beginnt, freut er sich bereits auf den Feierabend. Zack. Bedeutet schon mal acht Stunden lang erhöhtes Stresslevel. Weil keinen Bock auf Arbeit, die Kollegen und Chefs nerven, zu erledigende Dinge machen keinen Spaß, dir fehlt die Leidenschaft und somit leistet der Kopf ein Drittel des Tages mentalen Widerstand gegen all das, was du in deinen Augen machen musst. Das macht sehr müde. Und stresst. Dann hast du noch Probleme mit Kunden, manche der Kollegen belasten dich mit ihren eigenen Problemen, die Technik funktioniert nicht richtig und die Zahl der Mails und Aufträge steigt ins Unermessliche. Der Cortisolspiegel steigt. Und hält sich. Acht Stunden lang. In der Mittagspause sinkt er im Optimalfall leicht. Weil du das Büro verlässt und irgendwo draußen allein etwas essen gehst. Oder aber du isst mit deinen Kollegen, redest allerdings in der Pause über die Arbeit, vielleicht kommen die Chefs auch rein oder die Kunden rufen an. Und du spielst mit. Lässt dich drauf ein. Wenn du bei so einem Setup nicht für ausreichend Balance sorgst, dann wirst du irgendwann krank. Ganz sicher.

Viele nutzen dann den Sport in ihrer Freizeit, um »den Kopf freizukriegen«. In Wirklichkeit werden durch die Bewegung und erhöhte Muskelarbeit allerdings Endorphine ausgeschüttet und Stress abgebaut. Eine lebensrettende Maßnahme. Mit Glück bleiben der Körper und die Psyche damit im Gleichgewicht. Zusätzlich schaust du noch Fernsehen oder liest ein Buch. Irgendetwas, das Monotonie in dir auslöst, um Anspannung in Entspannung umzuwandeln. Sex funktioniert da auch ganz gut. Irgendetwas, wo der Kopf nicht so viel arbeiten muss. Freunde treffen, Playstation zocken, Feiern gehen. Je stressiger deine Arbeit, desto mehr wirst du ausgleichen. Automatisch. Das ist ein Naturgesetz. Egal ob unser Planet, die Natur, die Tiere oder wir Menschen. Alles wird immer ausbalanciert. Yin und Yang. Hell und Dunkel. Also je stressiger die Arbeit für einen Mann von Montag bis Freitag, desto mehr wird er am Wochenende saufen. Hat er sich ja »verdient«. Je öfter sich eine Frau unter der Woche vom Finanzamt ficken lässt, desto härter wird sie sich am Samstag auf der Kinky Party bumsen lassen. Übertrieben gesagt. Wir können die Rollen auch tauschen, es war nur ein Beispiel. Beruhige dich, bitte. Nein, im Ernst. Der Mensch sucht sich immer einen Ausgleich. Auch unterbewusst. Wenn du so ein bisschen auf dich hörst. Was viele ja gar nicht mehr können. Weil sie nur noch funktionieren. Und wer nur funktioniert, der ist nicht mehr er selbst. Und wer nicht mehr er selbst ist, der kann nur dauerhaft gestresst sein. Weil du dich selbst nicht mehr kontrollierst und fremdbestimmt wirst. Und der Fremde, also deine Chefs oder Arbeitskollegen, die wissen natürlich nicht, wann du gestresst bist und Balance brauchst. Und die interessiert es auch in den seltensten Fällen.

Also halten wir erstmal fest: Jeder Mensch neigt dazu, sich bewusst oder unbewusst einen Ausgleich zum Stress zu suchen. Ob dieser Ausgleich, der oft in allen Formen und Farben triebgesteuerter Orgien seinen hedonistischen Höhepunkt findet, der »richtige« für den Menschen ist, sollte jeder für sich prüfen. Der übermäßige Konsum von Alkohol beispielsweise, kann den körperlichen und psychischen Stress im nüchternen Zustand wiederum erhöhen. Somit ist diese Art des Ausgleiches für den Moment spürbar, dient eventuell als Ventil, auf Dauer jedoch eher schädlich. Und ich rede hier von richtig krassem Saufen. Vielleicht sogar zwei Tage hintereinander. Nicht von ein paar Drinks.

Gehen wir nochmal auf das Beispiel mit dem Sex ein. Ein Orgasmus und der Weg dahin ist purer Stressabbau. Manch einer, weiblich und männlich, übertreibt es jedoch. Dann stresst man sich mit den Menschen, die es dazu braucht. Verliert sich in der Unverbindlichkeit. Oder kann nicht mehr zwischen Trieb, Zuneigung und Liebe unterscheiden. Will sich aber auch nicht entscheiden. Manch einer führt mehrere Freundschaften+ gleichzeitig. Niemand soll jedoch von den anderen erfahren. Viel Organisationstalent. Lügen. Wenig Moral. Innere Konflikte. Stress. All das passiert tagtäglich. Ich kenne auch zahlreiche Menschen, die sich in ihrer Freizeit nach der Arbeit komplett stressen. Weil sie hier nicht Nein sagen können und dort nichts verpassen wollen. Vielleicht auch vor sich selbst flüchten. Und deswegen nicht allein sein und zur Ruhe kommen wollen. Und so wird der vermeintliche Ausgleich zum Höllenritt aus Hektik, Stress und Fremdbestimmung. Weil man dieses und jenes ja von mir erwartet und weil ich ja irgendwie dazugehören muss.

Nun. Ausgleich ist nicht gleich Ausgleich. Gehen wir einmal gemeinsam ins Fitnessstudio. An einen Ort, wo die Balance ihr zuhause finden sollte. Training. Sport. Bewegung. Muskelkraft. Entspannung. Eine gute Möglichkeit, Stress abzubauen, der sich den ganzen Arbeitstag über aufgebaut hat. Und was sehe ich? Köpfe, die nach unten schauen. Nicht, weil gerade der Nacken trainiert wird oder die Schnürsenkel aufgegangen sind. Sondern wegen der Smartphones. Der treue Begleiter. Zwischen den Sätzen hängen alle am Handy. Unglaublich. Wie soll man da für den Moment einmal abschalten? Was ist so wichtig, das nicht neunzig Minuten warten kann? Du hast Feierabend. Erhole dich. All die Informationen des Tages, die du den ganzen Tag lang gesammelt hast, musst du beim Sport eigentlich gerade erstmal verarbeiten. Und du schiebst wieder neue nach. Natürlich ist der Körper dadurch wieder im Alarmzustand. Neue Trigger. Empörung und Wut. Oder wieder neue Entscheidungen treffen. Bist du am Wochenende dabei, ja oder nein? Das kann alles neunzig Minuten warten. Ganz sicher. Lass das Handy mal los. Im Spind liegen. Du wirst nichts verpassen. Du brauchst auch keine Musik zur Motivation. Sonst fehlt dir schlichtweg nur Disziplin. Und im Gym läuft sowieso irgendwas über die Lautsprecher. Konzentriere dich mal auf dein Workout. Deine Muskelkraft. Sei mal ganz bei dir. Und nicht wieder bei anderen. Denn es ist ja dein Training. Dein Ausgleich. Dafür bist du hingegangen. »Aber ich brauche mein Handy ja für die Musik«, heißt es so oft.

Du brauchst keine Musik. Du brauchst Ruhe von Informationen. Damit dein Organismus den Stress regulieren kann. Vor allem den digitalen Stress. Ich habe vor Kurzem eine Studie gelesen. Wo es um den Technostress auf der Arbeit ging. Die emotionale Erschöpfung durch digitalen Stress bei Arbeitnehmern lag 22% höher als angenommen. Und ein 25%iger Anstieg bei Kopfschmerzen jener Arbeitnehmer, die einem hohen Technostress ausgesetzt sind.

Stress ist das Ergebnis eines Ungleichgewichts zwischen äußeren Anforderungen und den zur Verfügung stehenden Möglichkeiten, diese zu bewältigen. Digitaler Stress ist das Stresserleben, welches aus dem Unvermögen eines Individuums resultiert, mit neuer Technologie in einer gesunden Art umzugehen. Und unsere Smartphones sind gerade einmal fünfzehn Jahre alt. Für das menschliche Gehirn neu. So viele Informationen zu verarbeiten und Entscheidungen zu treffen, das sind wir nicht gewohnt. Wusstest du eigentlich, dass der Mensch für eine Population von etwa 150 Menschen gemacht ist? Mehr kann er sich auch gar nicht merken. Also die Namen und Geschichten dahinter. Jetzt überleg doch mal, wie viele Menschen du kennst. Nicht nur im realen Leben offline, sondern insbesondere auch online. Das sind durch das Social Web auf einmal 1500 geworden. Mindestens. Und du sollst dir alles von ihnen merken. Wie denn? Dann hast du von jemandem den Geburtstag vergessen in all deinem Datenoverload. Derjenige ist sauer oder enttäuscht. Das führt zu neuem Stress. Es ist doch geisteskrank, wenn man mal ehrlich ist. Es ist doch schon ein Vollzeitjob, all jene Informationen überhaupt zu verarbeiten, die eigentlich gar nicht wichtig sind. Aber die halt irgendwie auf deinem Handy auftauchen. Stress pur. Und du sitzt im Gym an einem Gerät und willst noch mehr davon. Während du dich morgen auf der Arbeit wieder beschwerst, wie stressig doch alles ist.

Wir sollten den Stress reduzieren. Dauerhaft. Dann brauchen wir auch weniger Ausgleich. Ergibt das Sinn? Doch wie machen wir das? Ich schrieb ja ganz am Anfang: Stress gibt es eigentlich gar nicht. Wir machen ihn uns. Also haben wir selbst in der Hand, ob uns etwas, das passiert, stresst. Wir wissen ja bereits, dass Probleme kommen und gehen. Und sobald eines gelöst wurde, steht auch schon das nächste vor der Tür. Somit brauchen wir uns schon mal wegen einer Sache prinzipiell nicht stressen: Mit Problemen an sich. Wenn wir um die Häufigkeit und Notwendigkeit von Problemen wissen, können wir ihnen mit einer gewissen Gelassenheit entgegentreten. Und darauf vertrauen, dass es immer irgendeine Lösung geben wird. Vielleicht nicht sofort. Vermutlich wird es auch nicht einfach. Aber, es wird gelöst. Irgendwann. Ganz sicher. Somit kann man die Faktoren Angst und Panik schon mal deutlich reduzieren. Sie sind nämlich einer der Hauptauslöser für Stress. Oftmals geben diese beiden Zustände auch ein Gefühl der Ohnmacht und Hilflosigkeit, erzeugen gar traumatische Situationen, in denen ein gewisses in der Vergangenheit erlerntes Verhaltensmuster automatisiert abgerufen wird. Und worüber ich ja bereits geschrieben habe, ist die Wichtigkeit des Heraustretens aus dem Problem, oder in diesem Fall aus der Stresssituation. Also in dem Moment, wo man Stress empfindet, sich einmal vom Ego zu lösen und die Situation von außen zu betrachten. Aus der Metaperspektive. Dann nimmt dich das Gefühl, die Emotion nicht so ein. Und du kannst nüchterner und sachlicher darüber denken. Wie gesagt, kurzer Stress ist gut und wichtig. Er hilft dir dabei, schnell Lösungen zu finden. Doch wir müssen herauskommen aus jenen Stresssituationen, die sich wiederholen. Denn die belasten uns und machen auf lange Sicht mental und körperlich krank.

Wenn dein Chef dich einmal mit einer Sache triggert und du dir deshalb Stress machst: Okay. Ein zweites oder drittes Mal auch. Wenn es jedoch zur Gewohnheit und ein traumatischer Automatismus wird, dann findet bei dir kein Lernprozess statt. Und damit sind wir bei einem entscheidenden Punkt. Der Funktion unseres Gehirns.

Wie lernt ein Gehirn? Du liest gerade dieses Buch. Du bist wahrscheinlich relativ entspannt. Alles in deinem Kopf scheint geordnet. Nehmen wir an, es ist zehn Uhr am Abend, du liegst schon im Bett. Und plötzlich klingelt es an deiner Tür. So spät? Erst einmal vernetzen sich zwei Menschen durch den Akt des Klingelns des einen und das Hören der Klingel des anderen. Es findet nun eine Erregung statt. Du bist vermutlich sofort gestresst. Tausend Gedanken schießen durch den Kopf. Es klingelt nochmal. Du wirst noch gestresster. Jetzt brauchst du eine Lösung. Entweder, du bleibst liegen und lässt das Klingeln unbeantwortet, oder aber, du stehst auf und öffnest die Tür. Beides wäre zunächst einmal eine Lösung. Je nachdem, wie du dich nun entscheidest, gibt es ein Ergebnis. Und dieses Lösungsergebnis musst du bewerten. Damit du weißt, ob deine Lösung für das nächste Mal die richtige Entscheidung war oder nicht. Bleibst du liegen, wirst du vermutlich nie erfahren, wer da gerade etwas von dir wollte. Ein Learning wäre, dass derjenige nach erfolglosem Klingeln zwar wieder geht, du aber nicht wirklich Klarheit und Gewissheit hast, was wiederum Stress auslösen kann bei dir, insbesondere im Hinblick auf das bevorstehende Einschlafen. Du denkst vielleicht darüber nach, ob was mit deinem geparkten Auto ist, vielleicht etwas verloren hast. Die Gedanken kreisen. Stehst du auf und öffnest, weißt du, wer etwas möchte. Doch auch das kann dich stressen. Ein Ex-Partner? Oder nur ein belangloser Klingelstreich? Immerhin wüsstest du, dass es nicht wirklich wichtig war. Je nachdem, wie du dich entscheidest, bewertest du also deine Lösung. War sie falsch, kannst du es beim nächsten Mal anders machen. Vereinfacht gesagt, ist dein Gehirn ständig damit beschäftigt, sich zu vernetzen, erregt zu sein, eine Lösung zu finden und diese zu bewerten. So entstehen kreative Prozesse und gesammeltes Wissen. Ein Problem, das viele Menschen haben, ist die falsche Bewertung von Lösungen. Und das jedes Mal aufs Neue. Wenn du immer wieder die falsche Lösung wählst, weil du sie in der Bewertung als richtig einstufst, machst du stets den gleichen Fehler. Weil du nicht lernst. Das passiert insbesondere, wenn du die Entscheidung zur Lösung aus der Emotion heraus triffst. Einfach irrational. Deswegen hilft es oft, in einer gestressten Situation aus dem Ego herauszutreten und die Situation von außen zu betrachten. Die Angst oder Sorge, welche sich nach dem Klingeln entwickelt, ist die wirklich real. Wie wahrscheinlich ist es, dass ein Mörder vor der Tür steht und dich töten möchte.

Und wenn es die Polizei ist, die vermutlich eine wichtige Information für dich bereithält, dann ist es wohl intelligenter, diesen Wissensvorsprung zu nutzen. Ehe es morgen früh ein böses Erwachen gibt. So oder so ist es Energieverschwendung, sich beim Klingeln zu stressen. Denn du hast ja auf alles eine Antwort und Lösung. Auch hier spielt das Vertrauen wieder eine Rolle. Vertrauen wir der Situation und sehen einen Sinn in dem, was passiert, ist das Zulassen von Stress eher hinderlich. Weil wir ja gerade schlafen wollten und den Körper nicht wieder in zu krasse Alarmbereitschaft hochjagen möchten. Wichtig ist also immer, dass wir nach jeder Stresssituation bewerten, ob wir dir richtige Lösung gewählt haben. Dieses Feedback hilft dir dabei, bei der nächsten Vernetzung entweder die Erregung (Stress) gar nicht erst entstehen zu lassen oder sie zumindest deutlich zu reduzieren.

Ich erzähle dir noch etwas aus meinem Berufsleben. Auf meinen Social Media-Kanälen von Bolzplatzkind oder auch beim Ghostwriting für andere Unternehmen postete ich in der Vergangenheit Inhalte, die den einen oder anderen Menschen emotionalisiert, also getriggert haben. Und zwar derart negativ, dass sie sich geneigt fühlten, empört zu sein und dies auch in Form eines Kommentars unter dem Beitrag mitteilten. Machen das nennenswert viele, entsteht ein sogenannter Shitstorm. Davon hatte ich schon sehr viele in meinem Leben. Weil ich ein Mensch bin, der die Dinge oft so benennt, wie sie sind. Und mit dieser Klarheit und Direktheit kommen zahlreiche User im Netz nicht klar. Weil ich oft auch Wahrheiten anspreche, gegen die sich Menschen in einer Spontanaktivität selbstschützend wehren.

Teilweise gab es aber auch Shitstorms zu Preisen beispielsweise. Während Corona. Da hatte ich, weil man ja sowieso Masken tragen musste, selbst welche produziert und angeboten. In geringer Menge und guter Qualität. Was dann natürlich dementsprechende Kosten in der Produktion verursacht. Ich hatte eine ganz normale Marge für diese Artikel berechnet. Doch der Verkaufspreis war einigen anscheinend zu hoch. Und ich musste mir vorwerfen lassen, sogar aus der Pandemie noch Profit schlagen zu wollen. Das ganze Gedöns. Dabei war es ja einfach nur ein Angebot für jene, die sowieso eine Maske tragen müssen, dies dann eben mit einem Statement in Form des Bolzplatzkind-Logos zu tun. Das Gleiche passierte aber auch mit anderen Artikeln. Hoodies und Shirts. Alles war angeblich zu teuer und man sei nur geldgierig. Ganz am Anfang nahm ich mir sowas noch zu Herzen und es stresste mich. Auch all die Schwurbler-Vorwürfe der letzten Jahre. Oder die Unterstellungen, man sei rassistisch oder diskriminierend gegenüber Minderheiten. Als Person des öffentlichen Lebens oder mit dem Auftreten einer Fashionbrand im Social Web wird immer irgendeiner kommen und dir was vorwerfen. In den seltensten Fällen hat das allerdings etwas mit dir zu tun. Es ist meistens die Unzufriedenheit der Leute über ihr eigenes Leben, Frust, der sich abladen muss oder einfach nur eine Limitierung des eigenen Horizonts. Die selbstoffenbarende fehlende Intelligenz oder mangelndes Wissen. Und im schlimmsten Fall beides. Hinzu kommt noch die Unfähigkeit einer angemessenen Formulierung der verfassten Kritik. Das Problem ist nur, dass Shitstorms eben oft viral gehen und die Menschen nur am Rande eine negative Erwähnung deiner Person oder Brand mitbekommen, ohne zu wissen, worum es wirklich ging oder ob diese Kritik überhaupt berechtigt war. Ein Shitstorm führt eben oft zu einem verfälschten Image. Deswegen ist es so wichtig, dagegen zu arbeiten. Oder besser gesagt, ihn zu nutzen. Jeder Shitstorm ist eigentlich ein Geschenk. Denn du erhältst eine große Aufmerksamkeit, viele schauen oder hören dir zu und das ist doch die beste Gelegenheit, klarzumachen, für welche Werte du stehst und sie nochmal herauszustellen und zu betonen. Aber da muss man erstmal hinkommen. Diese Ruhe und Gelassenheit zu entwickeln. Die Angst und Panik nicht zu entwickeln. Dass der Ruf deiner Person oder Marke auf dem Spiel steht. Und viele Unternehmen knicken sehr schnell ein bei Shitstorms, löschen Posts oder revidieren ihre Aussagen. Um schnell wieder im guten Licht zu stehen. Sie können den Stress nicht aushalten. Und verkaufen dafür ihre Werte. Naja, und ich habe mit all den Jahren einfach gelernt. Jeder Shitstorm machte mich stärker und damit auch stressresistenter. Ich wusste ja, dass der Sturm stets auch irgendwann nachlassen würde und ich vor allem halt Werkzeuge entwickelte, um mich zu wehren und ihn sogar zu nutzen. Sturm kann Schaden anrichten. Aber eben auch Windkraft erzeugen. Du musst dich nur richtig schützen und den Sturm richtig zu nutzen wissen. Ich lernte vor allem, mir keinen Stress mehr zu machen. Denn egal, wie gut ich wurde mit den Formulierungen meiner Texte. Ich arbeite ja fortlaufend an Präzision und Klarheit. Ich möchte nicht missverstanden werden. Was eine riesige Challenge ist, wenn du nur begrenzte Zeichen hast und viel sagen möchtest. Es ist eine Kunst, die ich schon perfektioniert habe. Und dennoch werde ich missverstanden. Weil dich einige Menschen immer missverstehen wollen. Sie lesen deine Texte oder hören deine Worte so, wie sie es möchten. Nicht, wie du es meinst. Warum sollten diese Menschen dann bitteschön die Macht über mich haben, bei mir Stress auszulösen. Wenn sie mir völlig egal sind. Ergibt keinen Sinn. Und genau so sollte man das Leben generell angehen. Wer will mich triggern und ist die Person oder der Inhalt es wert, Stress zu produzieren? Das gilt auch für dein Büro. Oder auf Arbeit an sich. In der Schule oder Uni. Ist es ein bestimmter Mensch, das vorliegende Problem oder die Situation an sich. Lohnt es sich, Energie in Form von Stress bereitzustellen? Braucht es überhaupt Stress, um eine Lösung zu finden. Versuche in all diesen Alltagssituationen, wo keine Gefahr für Leib und Seele besteht, dir diese Frage zu stellen. Und schau gerne auch mal, wenn ein Problem vorliegt, wie viel Zeit du dir dafür nehmen solltest. Wenn du angestellt bist, bekommst du Geld für eine Arbeitsleistung. Man muss kein Hellseher sein, um zu wissen, dass dein Chef dir Aufträge geben wird. So viele er möchte und solange er dich an diesem einen Tag bezahlt. Nämlich für acht Stunden. Weil du dir nun seit Jahren allerdings angewöhnt hast, während der Arbeitszeit parallel auch private Dinge am Handy zu erledigen, also über WhatsApp zu schreiben, Datingapps zu benutzen oder nebenbei online zu shoppen, hat sich dein Workload deutlich erhöht. Du musst also sowohl beruflich als auch privat Informationen im Minutentakt verarbeiten. Muss das während der Arbeit alles sein? Oder können viele der Dinge auch später beantwortet werden? Du schreibst nebenbei viel mit anderen Leuten, weil das deine Freude und Motivation hochhält? Denk mal darüber nach, ob das nicht eher ein Stressfaktor ist. Ständig hin und her zu switchen. Vielleicht ist es ja auch das, was dich stresst und gar nicht die Arbeit oder der Chef? Das soll-test du für dich einmal herausfinden. Und ganz ehrlich mit dir sein.

Nun wird es jedoch nicht ausbleiben im Leben, Stress zu empfinden. Auch, wenn wir ihn durch unsere mentalen Me-thoden deutlich reduzieren können. Deshalb benötigen wir immer einen Ausgleich. Bevor sich der Körper diese Balance und Erholung durch eine Krankheit zwanghaft holt, sollten wir präventiv für ein richtiges Verhältnis zwischen An- und Entspannung sorgen. Stress ist Anspannung. Bewegung ist Entspannung. Selbst Liegestütze in einem Stressmoment schaffen sofortige Abhilfe. Verinnerliche bitte die Wichtig-keit, Sport zu machen. Vor allem in den Momenten, wo dich der Stress eher davon abhalten möchte. Genau in diesen Momenten, ist die Bewegung doppelt wichtig. Weil sie durch Endorphine entgegenwirkt.

Zusammenfassung und Aufgaben:

- Stress existiert in der Theorie eigentlich gar nicht. Du machst ihn dir nur. Achte genau darauf, wie angebracht das Auslösen von Stress in der jeweiligen Situation wirklich ist. Es gibt guten Stress, der ist kurz. Und es gibt schlechten, der ist dauerhaft und chronisch.

- Wenn du Stress entstehen lässt, dann schaue, dass du ihn möglichst schnell wieder loswirst. Dabei hilft vor allem Bewegung. Oder auch andere Aktivitäten der Monotonie, also der Entspannung. Das Verhältnis von An- und Entspannung sollte stets in einem ausbalancierten Verhältnis stehen.

- Wie steht dein Rival zu Stress und Balance? Dein Rival lässt sich schon lange nicht mehr von unbedeutenden Kleinigkeiten triggern, die bei ihm Stress auslösen. Er geriet eigentlich nur bei Gefahr für Leib und Seele in Stresszustände. Zum Beispiel, wenn ein Löwe in freier Natur vor ihm steht. Sollte es im Beruf einmal zu Situationen kommen, die deinen Rival erregen, findet er dafür eine Lösung. Das Ergebnis der Lösung bewertet er im Anschluss, um daraus für eine nächste Situation zu lernen. Er schaut, ob die Problemlösung richtig oder falsch war und versucht, dieses Wissen bei der nächsten Entscheidung einfließen zu lassen. Außerdem versucht dein Rival, den digitalen Stress zu reduzieren. Push-Benachrichtigungen stellt er aus und zudem schaut er nicht mehr alle zwei Minuten auf sein

Handy. Er weiß, dass ganz viel Stress durch die Verarbeitung von irrelevanten Informationen entsteht. Und einem dadurch die Zeit fehlt, sich um die wichtigen Dinge zu kümmern. Wird die Zeit für wichtige Angelegenheiten daraufhin knapp, kann neuer Stress entstehen. Dein Rival weiß das. Und arbeitet daran.

- Wie möchtest du zukünftig mit Stress umgehen? Schreibe dir doch einmal Stichpunkte auf, die dir beim Umgang mit Stress helfen. Denk auch darüber nach, wie du Stress reduzieren und wie du ihn zukünftig noch besser ausbalancieren kannst. Überlege auch, wie nachhaltig dein Ausgleich ist. Sport reduziert deinen Stress beispielsweise dauerhaft länger als das kurzfristige Feiern.

- Erinnerst du dich an eine Situation, in der du mit Stress richtig gut umgegangen bist? Schreibe sie einmal auf. Und benenne, was du in dem Moment besser gemacht hast im Vergleich zu anderen Situationen.

Bleib bloß nicht, wie du bist.

»Du hast dich verändert!« Diesen Satz kennt man. Und er ist meistens negativ gemeint. Für viele ist Veränderung etwas Schlechtes. Man hatte sich doch so an diesen einen Menschen, seine Meinungen, Werte und Eigenschaften gewöhnt. Ich will nicht, dass er anders ist. Etliche Menschen denken genau so. Und ich selbst kenne zahlreiche davon. Aber gehen wir doch mal rein in die Bedeutung des Begriffes. Veränderung ist das Verlassen eines Zustandes hin zu einem neuen Zustand. Das passiert somit jeden Tag. Egal, ob wir von der Natur, Tieren oder von Menschen sprechen. Zellen verändern sich. Man sagt, dass man innerhalb von sieben Jahren einmal komplett seine Zellen im Körper ausgetauscht hat und somit eigentlich ein neuer Mensch ist. Manch einer spricht sogar von Lebensphasen, die etwa sieben Jahre lang sind. Wir verlieren die Milchzähne mit sieben. Kommen mit vierzehn in die Pubertät und mit einundzwanzig beginnt die Sturm und Drang-Zeit. Und so geht das immer weiter. Mit achtundzwanzig beschäftigt man sich dann mit Familienplanung. Veränderung ist also naturgegeben. Und wir sollten akzeptieren, dass sich auch ein Charakter, Werte und Eigenschaften im Leben mitverändern.

Ein Klassiker ist das ja bekanntermaßen in Beziehungen. Heißt es deswegen eigentlich auch das verflixte *siebte* Jahr? Aus Partnerschaften hört man ganz oft, dass es zu Trennungen kommt, weil man sich auseinandergelebt hat. Was bedeutet das? Es heißt, dass sich mindestens einer in der Beziehung verändert hat. Entweder haben sich beide weiterentwickelt und teilen nun nicht mehr die gleichen Werte.

Oder aber, nur einer reifte und der andere blieb in seiner Entwicklung eher stehen. Und dann ist es oft genau Zweiterer, der dem Partner, der sich weiterentwickelt hat, negativ vorwirft, sich verändert zu haben. Dann gibt es eigentlich drei Optionen. Die Beziehung läuft genauso weiter und endet irgendwann in einem Desaster. Oder aber, man reift zukünftig gemeinsam und auf Augenhöhe. Ansonsten gibt es eben noch die dritte Möglichkeit, welche für viele die schwierigste Entscheidung ist, man trennt sich und beendet die Beziehung.

Ich habe schon oft mit Freunden oder Bekannten darüber geredet. Meistens kurz vor Trennungen. Wenn der Stress und die Probleme innerhalb einer Beziehung ins Unermessliche steigen. Ich hörte mir dann manchmal sogar beide Seiten an. Und was ist in solchen Gesprächen ein typisches Muster? »Ja der andere ist schuld. Seinetwegen streiten wir. Ich mache alles richtig.« Und dazu kann ich prinzipiell schon mal eine ganz grundsätzliche Sache sagen. Niemand hat Schuld. Es gibt keine Schuld. Und deswegen muss man sie auch nicht von A nach B schieben. Mal ausgenommen von Besonderheiten wie Betrug oder Fremdgehen, wo es dann schon praktisch im Akt des Handelns einen Schuldigen gibt. Aber auch in einem solchen Fall sollte man sich überlegen, warum es so weit kommen konnte. Und was man selbst dazu beigetragen hat, dass der andere seine Grenzen verschoben hat. Also können, ganzheitlich betrachtet, beide Schuld haben. Oder wie gesagt: Niemand hat Schuld. Weil das eben die Dynamik des Lebens ist. Dass Menschen sich verändern. Wenn man in eine Partnerschaft geht, ist die Schnittmenge von Werten und der Sichtweise aufs Leben sehr groß. Man findet eine starke Übereinstimmung von Grundprinzipien. Also im Optimalfall. Manch einer verstellt sich ja zu Beginn einer Beziehung derart, dass erst im Laufe der Zeit der wahre Charakter durchdringt und dann stellt man irgendwann fest, dass es doch nicht so passt. Doch gehen wir nun einfach mal davon aus, dass man verliebt ist. Man teilt so Vieles. Hat die besten Gespräche. Lacht zusammen. Und versteht sich super. Mit siebzehn ist man in der Schule zusammengekommen. Nun machten beide gerade ihr Abitur, genießen erstmal gemeinsam den Sommer. Man schwebt auf Wolke sieben. Dann startet der eine seine Ausbildung und der andere sein Studium. Derjenige, der die Ausbildung macht, sagen wir mal als KFZ-Mechatroniker, der entwickelt eine richtig große Leidenschaft für Autos. Fühlt das komplett. Und seine Partnerin, die ihr Marketingstudium begonnen hat, möchte jetzt Influencerin werden. Die beiden sind in eine gemeinsame Wohnung gezogen. Ja und dann nimmt der Alltag so seinen Lauf. Plötzlich sieht man sich seltener als damals, wo man fast den ganzen Tag miteinander verbrachte. Der Typ will privat lieber an Autos als an seiner Freundin herumschrauben. Und die Freundin holt sich die Aufmerksamkeit lieber von ihrer digitalen Community als von dem Freund, den sie kaum noch sieht. In der kurzen Zeit, in der man sich sieht, wird sich immer häufiger gestritten. Wenn sie vorlesungsfreie Zeit hat und ihrem Freund schreibt, kommt keine Antwort, weil er gerade arbeitet. Der eine wirft dem anderen vor, sich verändert zu haben. Und weißt du was? Sie haben recht. Beide. Denn so wie er, als auch sie haben sich verändert. Aber hat jemand Schuld? Nein. Beide haben einen neuen

Weg eingeschlagen. Und sie stellen fest, dass diese Wege sie voneinander entfernen. Das ist normal. Und es ist keine Schande, in so einer Situation einfach ehrlich miteinander zu sein und einen Schlussstrich zu ziehen. Oder aber zu akzeptieren, dass sich jeder Mensch innerhalb einer Beziehung verändern wird. Denn wenn du dich nicht veränderst, machst du etwas falsch. Ich denke einfach, dass man in diesem Fall regelmäßig prüfen sollte, wie groß die Schnittmenge beider Partner gegenwärtig ist. Und wenn man merkt, dass es durch ein- oder beidseitige Veränderung zu Vorwürfen oder Streits kommt, dann auch einfach offen miteinander zu reden. Denn nur, weil beide sich unterschiedlich entwickeln, heißt das doch nicht, dass man nicht mehr zusammen sein kann. Wichtig ist ja dann auch, ob einem die Veränderung gefällt. Meistens missfällt einem die Veränderung des Partners allerdings, weil man sich selbst nicht weiterentwickelt hat und nachhängt. Es ist vielleicht eine Form von Neid oder auch Eifersucht. Ganz oft steht der Partner einer persönlichen Entwicklung oder einer Potenzialentfaltung im Wege. Du kommst nicht höher auf deinem Weg, weil die Freundin oder der Freund dich runterzieht und untenhält.

Halten wir einmal kurz fest. Veränderung ist natürlich. Und auch was Gutes. Natürlich gibt es auch Menschen, die abdriften und sich deshalb verändern. Ist die Veränderung dann gut? Vermutlich nicht. Wenn jemand anfängt, vermehrt Drogen zu konsumieren. Abhängig wird. Dann kann das keine gute Veränderung sein. Wenn jemand plötzlich täglich drei Feierabendbier trinkt und nicht mehr darauf verzichten kann. Dann kann das keine gute Veränderung sein. Wenn jemand innerhalb der Beziehung lange ehrlich war und plötzlich notorisch beginnt zu lügen. Und auch auf der Arbeit damit anfängt. Dann kann das keine gute Veränderung sein. Doch zu wissen, was einem selbst guttut. Herauszufinden, wofür man Begeisterung entwickeln kann. Zu merken, dass es dich mental stärker macht, mehr Sport zu treiben. All das sind Veränderungen, die gut sind. Auch, wenn sie einem anderen nicht gefallen. Weil er dadurch schlechter dasteht oder kürzer kommt. Veränderung beschreibt ja kurz gesagt den Weg »weg von« bis »hin zu«. Also du verlässt einen alten Zustand und erreichst einen neuen. Vom Übergewicht zur sportlichen Figur beispielsweise. Oder von politisch ungebildet zu politisch gebildet. Wobei man hier natürlich auch vorsichtig mit der Begrifflichkeit *gebildet* sein muss. Denn die Bilder der Politik werden ja, je nach Motivation, auch unterschiedlich gezeichnet und als absolute Wahrheit verkauft. Doch das kann eben auch eine positive Veränderung sein. Nicht mehr einfach alles so direkt zu glauben, was in den Leitmedien berichtet wird. Sondern sich umfassender zu informieren und diverser Quellen zu bedienen. Unterschiedliche Meinungen zu hören. Vielleicht mehr zu hinterfragen. Die Medienwelt zu verstehen, um gewisse Muster zu erkennen. Aber dann eben auch nicht von dem einen Extrem, alles hinzunehmen und zu glauben, in das andere Extrem zu rutschen. Sich nur noch in den Negativitäten und Grausamkeiten dieser Welt zu verlieren. Das ist dann wieder eine negative Veränderung. Denn du gehst weg von dir und hin zu den Fremden, die über dich bestimmen wollen.

Veränderung bedeutet meistens, Grenzen zu verschieben. Nehmen wir als Beispiel die Stresstoleranz eines Menschen. Wenn es für dich heute anstrengend ist, neun statt acht Stunden zu arbeiten. Du es aber dennoch eine Woche lang machst. Dann ist dein Stressempfinden nach sieben Tagen ein anderes. Dann haben sich Gehirn und Körper so daran gewöhnt, dass sich die neun Stunden normal anfühlen. Der Körper ist eine Anpassungsmaschine. Der Geist sowieso. Wir haben ja anfangs definiert, dass Veränderung das Verlassen eines Zustandes hin zu einem neuen Zustand ist. Eigentlich zerstört man sogar einen alten Zustand. Wenn wir jetzt mal in den Sport gehen. Beziehungsweise ins Krafttraining. Was passiert denn, wenn du eine neue Übung mehrfach wiederholst. Betrachten wir doch einfach mal Kniebeugen. Im Alltag machst du normalerweise gar keine. Heute willst du das allerdings ändern. Bei einer Wiederholung wird nicht viel passieren. Die ist der Mensch gewohnt und seine Muskeln werden da nicht sonderlich gefordert. Doch was ist, wenn du jetzt fünfundzwanzig Kniebeugen am Stück machst? Du wirst morgen Muskelkater haben. Denn diese Beanspruchung sind deine Muskeln nicht gewohnt. Das fünfundzwanzigmalige Wiederholen der Bewegung strapaziert die vorhandenen Muskeln so sehr, dass sie die Kraft zwar irgendwie mit Ach und Krach zur Verfügung stellen konnten, gleichzeitig dadurch aber in ihrem Ursprung zerstört wurden. Mikrorisse. Weshalb du am nächsten, insbesondere aber am übernächsten Tag Schmerzen empfindest in diesen Muskelpartien. Der alte Zustand der Muskeln wurde zerstört und jetzt muss der Körper reparieren. Nun der entscheidende Punkt. Unser Organismus ist ja schlau. Und sagt sich: »Wenn dieser Typ oder diese Frau auf die Idee kommt, in Kürze wieder an einem Tag fünfundzwanzig Kniebeugen am Stück zu machen, dann muss ich dafür gewappnet sein.« Und wenn derjenige das dann macht, repariert der Körper nicht nur die beanspruchten Muskeln und stellt den alten Zustand wieder her. Nein, er macht sie sogar größer. Und stärker. Er lässt sie wachsen. Kreiert also einen neuen Zustand. Und wenn der Muskelkater dann weg ist, dann hast du durch diese Veränderung mehr Kraft. Dann schaffst du beispielsweise dreißig Kniebeugen am Stück. Dann geht der Prozess mit den Mikrorissen der Muskeln, der Reparatur während der Regeneration und des Muskelkaters wieder von vorne los. Und endet damit, dass deine Muskeln wieder in einen neuen Zustand versetzt werden, gewachsen sind und mehr Kraft zur Verfügung haben als im alten Zustand. Das ist diese Veränderung. Du zerstörst etwas Altes, um etwas Neues aufzubauen. In diesem Fall Muskeln. Und Vieles im Kopf kannst du wie einen Muskel betrachten, den man trainieren kann. Ob es Disziplin ist, Stressresistenz oder auch Rhetorik. Oder Balance zu finden. Trainieren, abzuschalten. Sich zu fokussieren. Fast alles im Leben ist trainierbar. Indem man Grenzen verschiebt. Zustände einfach verändert. Doch Zustände verändern im Sinne von Bessermachen. Sich weiterentwickeln. Denn wenn sich ein Zustand verschlechtert, verändert er sich zwar, aber eben nicht in die Richtung, in die wir ihn trainieren wollen. Training bedeutet im Deutschen »gezielte Übung« und ist der Anglizismus für eine systematisch aufgebaute und organisierte Tätigkeit, die bei Personen auf eine Verbesserung der körperlichen und geistigen Fähigkeiten abzielt. Kann man Traurigkeit trainieren? Ja. Wenn ich mich immer darauf fokussiere, traurig zu sein, dann werde ich sehr gut darin. Wenn ich täglich in traurigen Liedern versinke, nur die grausamsten Meldungen der Nachrichten lese und immer davon überzeugt bin, das Leben meint es nicht gut mit mir. Wenn du jeden Tag um eine verstorbene Großtante trauerst, die du kaum kanntest und die dir ein Leben lang völlig egal war. Ihr Tod dir aber eine Ausrede schenkt, um dich selbst zu bemitleiden. Wenn du dich dauerhaft von Menschen abkehrst und dich isolierst. Dann trainierst du das Traurigsein. Im Gegensatz dazu kannst du auch das Glücklichsein trainieren. Indem du Sport machst, dadurch Stress abbaust und Endorphine produzierst. Wenn du immer wieder in Kontakt mit Menschen gehst und Personen findest, die dir Energie schenken. Wenn du mehr und mehr das sagst, was du denkst und fühlst. Wenn du mutig bist. All das und noch viel mehr trainiert das Glücklichsein. Aber es ist eben meistens wie bei diesen Kniebeugen. Um in den neuen Zustand zu kommen, musst du vorher oft die Schmerzen spüren. Veränderung tut weh. Und deshalb entstehen doch auch oft so krasse Sachen in den Momenten, wo du am Boden liegst. Immer dann, wenn alles aussichtslos erscheint, wenn es schmerzt, wenn das Leben dich hart getroffen hat. Genau dann, wenn alles zerstört wurde. Dann beginnt Veränderung. Dann entwickelt sich der neue Zustand. Der stärker ist. Wo mehr Kraft ist. Kraft für die ganz großen Dinge. Schau mal in die Vita von richtig erfolgreichen Menschen. Die großen Schauspieler, Weltklassefußballer, Millionäre oder Milliardäre. So viele haben einen biografischen Unfall in ihrer Vergangenheit erlebt. Da ist der Vater früh verstorben. Oder sonst irgendein Schicksalsschlag. Und dieser unfassbare Schmerz hat sie angetrieben. Der Schmerz hat sie verändert. Die einen entwickeln sich hin zu Alkohol und Drogen. Rutschen ab. Fallen ins Selbstmitleid. Und die anderen werden stark. Richtig stark. Weil sie die Energie des Schmerzes umwandeln. Weil sie trainieren. Und weil sie wissen, dass kein Schmerz im Training so wehtun kann wie der Verlust, den sie damals erfahren mussten. Die Grenzen haben sich verschoben. Durch diesen biografischen Unfall. Der dir helfen kann. Und vielleicht sogar helfen soll, alles zu geben und alles zu erreichen.

Und das ist so wichtig, zu wissen. Veränderung wird wehtun. Und das auch nicht nur einmal. Als ich damals zur Psychologin ging, um endlich mit mir und meiner Vergangenheit aufzuräumen. Das war ja nicht dieses eine Mal, wo ich mich überwinden musste. Dieses eine Mal sind schon ganz viele hingegangen. Haben dann gespürt, wie hart es ist. Und kamen nie wieder. Fanden dann irgendwelche Ausreden. Hat nicht gepasst. Ich brauche keine Hilfe. Die oder der hat keine Ahnung. Ja, dein Therapeut muss passen. Auch ich war erst bei der dritten glücklich. Die zweite wollte ja vor allem mit Medikamenten arbeiten. Aber auch ich hätte Gründe finden können, um bei der dritten Psychologin aufzuhören. Doch ich wollte mich ja verändern. Ich wollte einen neuen Zustand. Einen besseren. Und so ging ich auch hin, wenn ich keine Lust hatte. Wenn es sehr anstrengend war. Denn was über Jahre lang in deinem Gehirn gewachsen ist, lässt sich nicht von heute auf morgen herausreißen. Nicht mit einer Sitzung. Das ist wie beim Sport. Du gehst ja auch nicht zu einem Fitnesscoach, machst eine Einheit mit ihm und sagst danach, dass er scheiße war, weil deine Muskeln noch nicht gewachsen sind: »Der hat ja gar keine Ahnung!« Die Wahrheit ist aber, dass du gar keine Geduld,

Ausdauer und Disziplin hast. Also, Veränderung tut weh. Und man muss sie unbedingt wollen. Doch je früher du anfängst, dich zu verändern, desto leichter wird es. Das ist auch die Wahrheit. Aber die Leute verändern sich oft erst, wenn es die allerhöchste Not ist. Das scheint irgendwie menschlich zu sein. Du kannst einem Raser tausendmal raten, vorsichtig zu fahren. Erst, wenn er selbst mit dem Auto in den Graben fährt, wird er sich ändern. Das Leben gibt dir immer Hinweise und Signale, dass du etwas ändern solltest. Am Anfang sind sie sehr klein und wir sehen sie nicht oder ignorieren sie sogar. Bis es dann rummst. Und richtig wehtut. Ein Signal, dass du nicht übersehen kannst. Hell leuchtend, riesengroß. Dann bleibst du stehen. Dann änderst du deinen Weg. Dann veränderst du dich.

Zusammenfassung und Aufgaben:

- Körper und Geist verändern sich ständig. Nach sieben Jahren hat dein Körper alle Zellen einmal ausgetauscht. Du bist somit ein komplett neuer Mensch. Doch auch geistig entwickeln wir uns weiter. Das liegt in der Natur unseres Gehirns. Denn es lernt jeden Tag und verändert dadurch das Verhalten eines Individuums.

- Veränderung ist etwas Gutes. Bleib bloß nicht, wie du bist. Auch, wenn andere dir einen Vorwurf machen, dass du dich verändert hast. Schaue genau, warum sie das tun und was ihr Motiv ist. Manchmal haben die Leute auch Angst vor Veränderung oder wissen, dass es wehtun kann. Ändert der Freund oder die Freundin

nun etwas, kann die Person sich unter Zugzwang fühlen, nachziehen zu müssen. Weil sie zu bequem ist
und die Anstrengung der Veränderung selbst nicht
will, rät sie dir einfach davon ab. Egoistisch. Und nicht
im Sinne deiner Weiterentwicklung.

- Wie steht dein Rival zur Veränderung? Dein Gegenspieler ist die Veränderung. In Person. Er hat früh erkannt, dass der Mensch sich jeden Tag verändert,
  lernt und besser wird. Zumindest, wenn man es zu-
  lässt. Gleichzeitig ist sich dein Rival bewusst, dass
  man trainieren muss, um besser zu werden. Und dass
  Training auch Schmerzen verursacht. Dein Gegenspieler macht sich ein Bild vom aktuellen Zustand und
  hat klare Vorstellungen, wie der neue aussehen soll.
  Er bringt Geduld, Ausdauer und Disziplin mit, um den
  neuen Zustand zu erreichen.

- In welchen Bereichen möchtest du dich verändern?
  Wo möchtest du an dir arbeiten? Schreib mal bitte ein
  paar Schmerzpunkte auf, die dich stören, welche du
  aber noch nicht angegangen bist. Sich derer einmal
  bewusst zu werden und sie auch aufzuschreiben, ist
  immer der Beginn der Veränderung. Stelle dir auch
  einmal vor, wie du dich fühlen würdest, hättest du
  diese Sachen schon geändert. Wie würde sich dein Leben dann anfühlen?

- Fällt dir ein Beispiel aus deinem Leben ein, wo du eine
  krasse Veränderung durchgemacht hast. Also eine positive. Eine, worauf du stolz bist, weil du all dem

Schmerz getrotzt und durchgezogen hast. Schaue dir diesen Prozess noch einmal genau an. Wie alles ablief. Vielleicht kannst du das nochmal kopieren. Auf eine andere Situation in deinem Leben.

Soll ich's wirklich machen oder lass ich's lieber sein?

Eine der schwierigsten Aufgaben im Leben ist es, sich zu entscheiden. Fettes Brot hat dieser Thematik mit der Single *Jein* sogar einen eigenen Song gewidmet. Im Refrain heißt es: »Soll ich's wirklich machen oder lass ich's lieber sein?« Und genau diese Frage stellen wir uns täglich tausendfach. Bewusst und unterbewusst. Entscheidungen bestimmen unser ganzes Leben. Früher war ich ein Mensch, der sich schlecht entscheiden konnte. Dabei kann man sich eigentlich gar nicht *nicht* entscheiden. Denn auch indem man sich nicht entscheidet, trifft man eine Entscheidung. Aber ja, ich hatte stets so viel überlegt und abgewogen. Weil ich zum einen viel zu unsicher war und zum anderen viel zu viel Zeit hatte. Das ist eben auch ein Luxusproblem. Doch in diesen Sätzen steckt schon so viel drin. Fangen wir erstmal langsam an.

Mittlerweile entscheide ich mich recht schnell und konsequent. Wie kommt das, was ist im Laufe der Jahre passiert, dass ich im Vergleich zu früher nun besser Entscheidungen treffen kann? Besser heißt übrigens nicht automatisch auch bessere. Und damit sind wir bei einem ganz wichtigen Punkt. Nur weil ich gelernt habe, schneller Entscheidungen zu treffen, bleiben Fehlentscheidungen nicht aus. Doch vor einigen Jahren war ich mal bei einer Motivationstrainerin oder Persönlichkeitsentwicklerin. Irgendwas dazwischen. Ist auch egal. Ich hatte die Karte für diese Show zum Geburtstag geschenkt bekommen. Meine Lebensqualität war zu dieser Zeit nicht die beste. Die Entwicklung von Bolzplatzkind stagnierte und die Zusammenarbeit mit einem Businesspartner ging damals in die Brüche. Insgesamt fehlte ein bisschen Perspektive, Hoffnung und der Sinn meines Lebens kam mir etwas abhanden. Es war Januar 2020. Kurz vor Corona. Schon die Jahre zuvor fiel ich immer im Januar in ein mentales Loch. So auch damals. Ja und dann war ich an diesem regnerischen Abend in Berlin. Kam gerade von einer Podiumsdiskussion in Münster, an der ich teilnahm. Die Speakerin sagte viele gute Dinge. Insgesamt war ihr Vortrag voller Mehrwert. Doch eine Sache blieb besonders hängen. Bis heute. Entscheidungen treffen ist wie Programmiersprache: 1 oder 0 - ja oder nein. Zack. Und das brannte sich derart in mein Hirn ein. Sie erklärte das ganz gut am Beispiel des Abnehmens. Und erzählte von einem Mann, der einfach weniger Kuchen essen wollte. Ein Stück statt zwei. Natürlich bringt das was. Doch die Trainerin war der Meinung, den Kuchen dann einfach ganz wegzulassen. Also entweder oder. Kuchen, ja oder nein. Konsequent. Radikal. Und das fand ich geil. Es öffnete mir nochmal anders die Augen. Ich konnte damals zwar schon deutlich besser Entscheidungen treffen als zu Zeiten meiner Depression. Doch von dem Tag an wurde ich noch klarer. Noch radikaler. Das steckt eigentlich auch tief in mir. Diese Konsequenz. Das Ja oder Nein. Doch es gab immer Phasen in meinem Leben, in denen ich mich irgendwie einlullen ließ. Von der Inkonsequenz und Unsicherheit meines Umfelds oder der Gesellschaft. Das hat viel auch mit dem Anderssein zu tun. Was einem nicht immer nur leichtfällt. Radikal zu sein, heißt ja, etwas ganz und gar, vollständig, gründlich oder umfassend zu betrachten oder lösen. Kommt von *radix* und bedeutet im Lateinischen *Wurzel*. Also etwas an der Wurzel packen. Und das war ja eh seit vielen Jahren schon mein Lebensmotto geworden. Wie damals, als ich zur Psychologin ging, um meine Vergangenheit aufzuarbeiten und meine Potenziale freizulegen. Ich wollte das radikal machen. Also von der Wurzel an. Die Ursachen bekämpfen und nicht nur die sichtbaren Symptome. Wie bei den vertrockneten Blättern einer Pflanze. Du kannst diese abschneiden und die grünen dran lassen. Dann wirkt für den Moment alles frisch und lebendig. Doch es wird nichts daran ändern, dass der Pflanze in der Wurzel Wasser fehlt, um alle Blätter ausreichend zu versorgen. Für viele ist das Radikalsein etwas Negatives. Natürlich auch, weil es im Bereich der politischen Gesinnung negativ behaftet ist. Doch vor allem, weil es den meisten Menschen fremd ist, klare Entscheidungen zu treffen. Deswegen haben sie Angst davor. Und es ist ein typisches Muster bei ängstlichen Menschen, bequem zu bleiben, die Komfortzone nicht zu verlassen und die Klarheit oder Wahrheit als etwas Schlechtes zu bezeichnen. Damit man sich nicht damit beschäftigen muss. Weil auf Wahrheit und Klarheit oft auch eine Anstrengung folgt. Die Anstrengung der Veränderung. Aber ist es nicht viel anstrengender, ständig in Unsicherheit und Angst zu leben? Das kostet meiner Meinung nach viel mehr Energie und Kraft. Ist doch wie beim Wetter. Wenn die Luft mega schwül ist, jeden Tag.

Ein Leben lang. Und es gewittert nicht. Ich kann schwüles Wetter aushalten, ja. Aber auch nur ein oder zwei Tage. Dann sehnt man sich doch das Gewitter herbei. Und ja, dann kommen Blitz und Donner, Regen und Kälte. Für den Moment eine Anstrengung. Aber dann ist man erlöst und dann ist doch alles wieder so klar und rein. Schön.

Ich habe im Laufe der Jahre erkannt, dass mir Klarheit unglaublich guttut. Diese nebulösen Halbzustände störten mich. Ungeklärtes oder Unentschiedenes. Und es ist ja normal, dass die Gesellschaft immer wieder versucht, dich auch in den Bann des Nebels von Angst und Unsicherheit zu ziehen. Weil sie voll davon ist. Und ich muss mich regelmäßig bewusst dagegen wehren. Mit klaren und teilweise auch radikalen Entscheidungen. Die mich, aber auch andere betreffen können. Viele unserer Entscheidungen treffen wir übrigens nicht nur einmal. Sondern teilweise täglich. Manchmal auch wöchentlich oder monatlich. Da kommt dann die Grundsatzentscheidung ins Spiel. Aus der sich eine Konsequenz entwickeln muss. Ich möchte dir ein Beispiel erzählen.

Ich bin Feiern. Im Club. Mit Freunden. Ich trinke entweder Bier oder Longdrinks. Plötzlich kommen alte Bekannte vorbei. Man freut sich auf das Wiedersehen. Einer von ihnen hat bereits für die ganze Runde Kurze bestellt. Diese kommen gerade und werden verteilt. »Hier dein Kurzer, Henoch!« Doch ich lehne ab. Denn ich habe eine Grundsatzentscheidung getroffen. Ich trinke keine Kurzen zwischendurch, wenn ich Bier oder Longdrinks über den Abend verteilt konsumiere. Es bringt einfach nichts oder es hatte in der Vergangenheit körperlich eher negative Konsequenzen. Also habe ich entschieden, es einfach zu lassen. Egal, was ist. Was wäre nun ein Grund, sich umzuentscheiden? Die Angst, durch diese Entscheidung unhöflich oder respektlos rüberzukommen. Aber mich hat ja niemand gefragt, ob ich einen Kurzen trinken möchte. Er war einfach da, weil man davon ausging, dass ich sowieso einen möchte. Das könnte man ja vielleicht eher als respektlos ansehen. Dass jemand anderes für dich entschieden hat, was du trinken möchtest. Ohne zu fragen. Ist es für mich natürlich nicht. Ich weiß ja immer, dass es super nett gemeint ist und ein Zeichen der Liebe. Doch nur aus Höflichkeit oder als Zeichen der Liebe revidiere ich meine Entscheidung nicht. Es ist krass in diesen Momenten. Weil natürlich die meisten nach meiner Ablehnung sagen »Ach komm, trink schon!« Manche versuchen mich auch ein drittes oder viertes Mal davon zu überzeugen. Doch ich bleibe konsequent, bedanke mich vielmals und lehne weiterhin ab. Wie oft sehe ich Menschen, die das nicht können. Sie wollen eigentlich auf keinen Fall einen Kurzen trinken. Also wirklich gar nicht. Und doch können sie nicht Nein sagen. Manch einer verschwand kurze Zeit später sogar auf der Toilette. Aus Gründen. Es war Schwäche, die dazu führte, dass sie sich den Kurzen in den Rachen gekippt haben, obwohl sie sich eigentlich vorher dagegen entschieden hatten. Weil ihnen schon schlecht war oder was auch immer. Für Grundsatzentscheidungen muss man jeden Tag kämpfen. Gegen all die Widerstände und Verlockungen. Man darf nicht schwach werden. Gleichzeitig kann es aber auch sein, dass du vielleicht dieses eine Mal Bock hast auf einen Kurzen. Einfach so. Aus irgendeinem Grund. In diesem Moment zu sagen, dann trinke ich ihn auch, ist ebenfalls stark. Viele würden nun behaupten, man habe jetzt sein Prinzip gebrochen. Doch wenn du weißt, du hast dich dafür entschieden, ohne dass du schwach geworden bist oder du dem Druck der Gruppe oder eines Menschen nicht standhalten konntest, dann ist das in Ordnung. Dann war es in diesem Moment eine freie Entscheidung. Und du weißt, dass du beim nächsten Mal wieder Nein sagen und konsequent bleiben wirst. Das ist wahre Stärke. Wenn man sein Prinzip auch brechen kann. Nicht, weil man in dem Moment schwach wird. Sondern weil man es heute ausnahmsweise für sinnvoll hält. Denn sonst läuft man manches Mal Gefahr, Chancen und Möglichkeiten zu verpassen. Nur, weil man prinzipientreu bleiben möchte. Das ist nicht immer klug. Man darf es nur nicht verwechseln mit der Motivation durch Schwäche. Es geht nicht darum, wenn man abnehmen will, sich doch ein Stück Torte nimmt und sagt »Ach, ist doch nur ein Stück und eine Ausnahme!« Weil man gerade dem Heißhunger nicht widerstehen kann. Dann bist du schwach geworden. Und dann ist das Motiv für das Brechen des Prinzips ein falsches. Wenn du aber weißt, dass du bereits abgenommen hast, sehr diszipliniert beim Essen bist und alles gut kontrollieren kannst. Und du willst dieses eine Mal zu Weihnachten einfach nur einmal den Geschmack der Torte auf der Zunge spüren. Kannst danach aber wieder monatelang verzichten, warum dann nicht dieses eine Mal das Stück Torte essen? Gar nicht, um dich zu belohnen. Es darf nichts damit zu tun haben, warum du sonst auf die Torte verzichtest. Es geht nicht darum, einmal nachzugeben und schwach zu werden. Es geht hier um etwas Höheres. Vielleicht geht es auch darum, dir zu beweisen, dass du einmal den Geschmack spürst und danach wieder darauf verzichten kannst. Es ist dieser Vertrauensbeweis, dass du dich kontrollieren kannst. Auch, wenn die Verlockungen groß sind. Für mich ist immer ausschlaggebend bei einer Grundsatzentscheidung, welches Motiv dahintersteckt, wenn man sich mit einer Ausnahme temporär umentscheidet. Ist der Beweggrund Schwäche, dann hast du irgendwo versagt. Ist der Grund Stärke, dann hast du gewonnen. Nehmen wir mal an, du hast es dir zur Grundentscheidung gemacht, Frauen oder Männer nur noch offline kennenzulernen. Weil es digital einfach zu anstrengend und enttäuschend war in der Vergangenheit. Und du ziehst das wirklich durch. Aber dann ergibt sich etwas auf Instagram, wo du zufällig mit jemandem schreibst und spürst, dass es da einen richtig krassen Vibe gibt. Aber weil du eine Grundsatzentscheidung getroffen hast, darfst du dich ja nun eigentlich nicht mit dieser Person treffen. Und das wäre ja Quatsch. Es hat sich ergeben. Du wolltest eigentlich den anderen Fokus, nämlich offline, hast das auch gut durchgezogen die letzten Monate oder Jahre. Und nun lernst du halt hier einmal jemanden zufällig kennen. Breche in diesem Fall dein Prinzip. Nicht, weil du schwach geworden oder verzweifelt bist, sondern weil du spürst, dass das vielleicht dein Partner fürs Leben werden könnte. Wie sinnvoll wäre es jetzt, sein Prinzip durchzuziehen? Das Prinzip muss immer auch einen Sinn haben. Denn dann kannst du vielleicht sagen, dass du deiner Entscheidung treu geblieben bist, hast aber die Liebe deines Lebens verpasst. Verstehst du, was ich sagen möchte? Das ist kein Freifahrtschein, um schwach zu werden. Ich denke, dass du das verstanden hast. Es geht hier um echte Ausnahmen, die auf Stärke basieren.

Nicht auf Schwäche. Ein im wahrsten Sinne des Wortes entscheidender Unterschied.

Kommen wir nun aber mal wieder zu den eher einmaligen Entscheidungen im Leben. Was mir da wirklich geholfen hat, war eine Erkenntnis während meines Studiums der Volkswirtschaftslehre kurz nach dem Abitur. In der Wirtschaft geht es meistens um das Verhältnis von Kosten und Nutzen. Welchen Preis zahle ich für etwas und was bringt es mir am Ende, was ist der Mehrwert? Ich fing an, mir diese Frage vor vielen Entscheidungen des Alltags zu stellen. Und es war für mich erstmal unfassbar befremdlich. Es fühlte sich so rational an, so herzlos. Oft versuchte ich es auch zu verdrängen. Um nicht mein Gefühl zu verlieren. Mit der Zeit pendelte sich das natürlich wieder ein. Denn natürlich kannst du vorher ausrechnen, was es dir zeitlich und monetär kostet, mit einem Date von Hamburg aus an die Ostsee zu fahren. Etwa eine Stunde Fahrt pro Strecke plus vier Stunden Aufenthalt, etwa zwanzig Euro Spritkosten plus ein paar Getränke und einen Snack. Den du natürlich für beide zahlen musst. Sofern du ein Mann bist. Also kalkulierbare Kosten. Und dann schaust du halt eben, was der Mehrwert ist. Doch wie vorhersehbar, wie kalkulierbar ist dieser? Und da wird es jetzt schwierig mit Rationalität. Was ist dein Ziel? Ist es was Ernstes oder willst du nur auf ein One-Night-Stand hinaus? Wie wahrscheinlich ist es, dass es noch am selben Abend passiert. Gibt es Folgekosten? Was, wenn es so schlecht läuft, dass du schon nach einer Stunde direkt wieder zurückfährst? Dann hat es sich doch wirklich gar nicht gelohnt. Oder gehe ich einfach nur mit ihr in eine Bar in Hamburg. Kurzer Weg. Weniger Kosten. Vielleicht. Je nachdem, wie viel wir trinken. Und wo und was. An der Ostsee kann es auch wunderschön werden, danach fahren wir zu ihr oder zu mir. Wenn wir in Hamburg bleiben, vielleicht trinkt sie viel zu viel, muss sich übergeben und der Abend ist gelaufen. Wie du merkst, ist der Mehrwert im Vorfeld oftmals nicht zu ermitteln. Durch die Dynamiken des Lebens. Deswegen kannst du nicht alle Entscheidungen auf dieser wirtschaftlichen Basis treffen. Vor allem nicht im Privatleben. Und dennoch habe ich mir dieses Abwägen in mein Unterbewusstsein eingepflanzt. Einfach für so grobe Berechnungen. Keine Detailkalkulation. Ich meine natürlich für Entscheidungen, die irgendwelche Unternehmungen oder Events betreffen. Für die ich früher mega schnell zu oder abgesagt habe. Ohne überhaupt mal kurz darüber nachzudenken, was sie mir kosten und was sie mir bringen. Wenn ich beispielsweise spontan gefragt werde, ob ich eine Karte fürs Stadion haben möchte. Dann schaue ich zunächst, ob ich sie kaufen muss oder sie mir geschenkt wird. Und setze diesen Preis ins Verhältnis zu dem Spiel. Welche Mannschaften treten gegeneinander an. Ist es ein Entscheidungsspiel. Wie weit ist der Weg. Was kostet die Anfahrt. Passt das zeitlich mit meinen anderen Plänen. Früher habe ich da oft einfach Ja gesagt. Und es dann um jeden Preis möglich gemacht. Und war danach dann manches Mal viel zu gestresst oder sauer, dass ich mir vorher keine Zeit nahm, kurz einmal abzuwägen. Dass derjenige, der Karten fürs Stadion hat, nicht ewig auf deine Antwort wartet, ist auch klar. Denn diese sind ja meist heiß begehrt und er will sie auch schnell loswerden. Du musst deine Entscheidung also zügig treffen. Und da macht es Sinn, einmal Kosten und Nutzen abzuwägen. Das muss wie so ein Scanprogramm schnell einmal durchlaufen. Du kannst dir auch Zeitlimits für Entscheidungen setzen. Wenn dir der Karteninhaber schreibt und fragt, antworte, dass du ihm in drei Minuten Bescheid sagst. Dann hat er die Sicherheit, noch drei Minuten warten zu können, ehe er weitere Personen fragt. Und du kannst in Ruhe kurz einmal abwägen. Denn eine Entscheidung sollte immer auch verbindlich sein. Und du solltest gut überlegen, ob du die Konsequenzen auch tragen und verbindlich einhalten kannst. Manche sagen erst zu, dann doch wieder ab. Manche lesen die Nachricht, überlegen, klären kurz etwas mit anderen Beteiligten, fragen vielleicht schon, ob sie einen anderen Termin verschieben oder ausfallen lassen können. Doch weil sie dem Karteninhaber nicht geschrieben haben, dass sie kurz Zeit brauchen, um das zu arrangieren, hat er die Tickets schon anderweitig vergeben. Für manche Entscheidungen darf man sich auch Zeit nehmen. Mal kürzer, mal länger. Wichtig ist nur, dass man es einfach mitteilt, da sonst auch schnell eben jemand anderes für dich entscheidet. Und da sind wir auch wieder bei dem Thema, dass es immer eine Entscheidung gibt. Auch, wenn man sich nicht entscheidet.

Ja und dann gibt es diese Momente, in denen du keine drei Minuten Zeit hast, dich zu entscheiden. Nicht mal eine Minute. Wo du genau jetzt eine Entscheidung musst, ob du die Tickets haben möchtest oder nicht. Natürlich sagst du auch dann nicht einfach so Ja oder Nein. Selbst in diesen paar Sekunden startet dein Scanprogramm des Abwägens. Und du sagst halt einfach Ja oder Nein. Ob der Mehrwert am Ende größer ist als die Kosten? Wer weiß das schon. Vielleicht ist das Spiel gar nicht so krass, die Mannschaften gar nicht so bedeutend. Doch im Stadion passiert irgendwas Geisteskrankes. Oder du lernst dort jemanden kennen, der dich privat oder beruflich bereichern wird. Und dessen zukünftiger Wert für dich noch gar nicht messbar ist. Letztendlich kann das auch eine Grundsatzentscheidung fürs Leben sein. Einfach immer Ja zu solchen Anfragen oder Einladungen zu sagen. Immerhin kommt jemand auf dich zu. Und vielleicht schickt ihn das Universum. Weil du etwas erleben sollst, das dir weiterhilft. Denn das Universum meint es ja immer gut mit dir. Wenn man einfach sagt: Ich mach das mal, lass das auf mich zukommen und schaue, was passiert. Erleben werde ich immer irgendwas. Lernen werde ich immer irgendwas. Wenn du gerade eh keine Aktivität oder Unternehmung gleichzeitig geplant hast, dann sage einfach immer Ja. Sofern du es dir monetär leisten kannst. Was machst du denn sonst? Zuhause chillen am Handy? In der Stadt shoppen gehen? Das ist austauschbar. Das kannst du jederzeit machen. Nutze die Chancen und Möglichkeiten, die dir das Leben schenkt. Natürlich kannst du auch würfeln, um eine Entscheidung herbeizuführen. Dann entscheidet das Schicksal. Warum nicht? Ich denke jedoch, dass du die Macht über deine Entscheidungen besitzen und diese auch stets fördern solltest. Übernimm die Verantwortung für dein Leben und deine Entscheidungen.

Doch kommen wir zurück zum Beginn dieses Kapitels. Zur Programmiersprache. Eins oder Null. Ja oder Nein. Ich spüre sofort wieder Klarheit, wenn ich daran denke. Denn ich möchte keinen Nebel im Leben. Ich will freie Sicht. Damit ich all die Dinge des Lebens sehen kann. Auch rechtzeitig. Und jede Entscheidung bringt Klarheit. Und jeder Weg zu einer Entscheidung kostet Zeit. Hast du dich schon einmal gefragt, wie viel Zeit du am Tag für die Entscheidungsfindung investierst? Wann immer wir uns Zeit nehmen, zu entscheiden. Fehlt uns diese Zeit für andere Dinge. Das sollte uns stets bewusst sein. Weißt du, warum einige Menschen sehr erfolgreich sind? Weil sie unfassbar viele Dinge am Tag schaffen. Das liegt natürlich an dem Fokus und der Tatsache, dass sie sich nicht ablenken lassen. Doch es liegt vor allem auch daran, dass sie sich unfassbar schnell entscheiden. Und damit ein hohes Tempo an den Tag legen, Dinge abzuarbeiten. Man stelle sich einmal den Chef eines Konzerns vor. Das Team unter ihm kommt im Minutentakt in sein Büro. Und braucht Entscheidungen. »Wollen wir für diese Maßnahme zweihunderttausend Euro vom Marketingbudget investieren?« Die Antwort ist »Ja«. Und die Unterschrift folgt. Er hat keine Zeit, drei Tage darüber nachzudenken. Denn es steht schon der nächste Mitarbeiter vor der Tür: »Sollen wir Frau Schmidt wegen dieser Sache nun kündigen oder geben wir ihr eine Chance?« Der Chef antwortet: »Wir kündigen nicht. Sie bekommt noch eine Chance.« Und die Unterschrift folgt. Tempo in den Entscheidungen. Das macht ihn erfolgreich. Weil er das Selbstvertrauen hat, Verantwortung dafür zu übernehmen. Er sitzt nicht mit zehn Leuten stundenlang am Tisch und diskutiert darüber, ob Frau Schmidt nun bleiben soll oder nicht. Er entscheidet einfach. Binnen Sekunden oder Minuten. Weil er keine Zeit dafür hat. Die hunderttausend Euro für das Invest ins Marketing werden schon vernünftig sein, wenn mein Marketingleiter es an mich heranträgt. Er kennt sich da aus. Er kann oder darf aber monetär keine Entscheidung treffen. Ich mache das für ihn. Und Frau Schmidt? Jeder Mensch macht Fehler. Und jeder Mensch hat eine zweite Chance verdient. Vielleicht blüht sie durch das entgegengebrachte Vertrauen richtig auf. Und zahlt es uns zurück. Und wenn es schiefgeht? Dann können wir ihr immer noch kündigen. Wir haben nur keine Zeit, zu spekulieren. Deswegen entscheide ich einfach. Erkennst du diesen Mut des Chefs? Er vertraut sich selbst, anderen und auch den Prozessen. Der Wirtschaft und des Lebens.

Entscheidungen zu treffen, bedeutet immer, ein Risiko einzugehen. Weil man nicht weiß, welche Konsequenzen folgen. Wir kategorisieren die Entscheidungen ja meist in *richtig* und *falsch* ein. »Doch dann habe ich eine falsche Entscheidung in meinem Leben getroffen«, heißt es so oft. Aber was ist denn schon richtig und was falsch? Kurzfristig kann man das vermutlich ganz gut bewerten. Doch das Leben ist ein Marathon. Und so manche vermeintlich falsche Entscheidung im Leben wandelte sich im Laufe der Jahre zu einer richtigen. Die Frage ist immer, zu welchem Zeitpunkt man bewertet. Und mit *falsch* verbindet man meistens ja auch einen Schaden oder Verlust. Wie beim Risiko eben. Man möchte durch eine Entscheidung gewinnen statt verlieren. Und dann wäre sie im Volksmund *richtig*. Doch wie wir ja wissen, kann ein Schaden oder Verlust der größte Gewinn im Leben sein. Vorher rational abzuwägen, ist kaum möglich. Ich verlasse mich da erfahrungsgemäß viel mehr auf die Intuition. Meine irrationale Bewertung aus dem limbischen System des Gehirns. Dieses limbische System ist die Zentrale der Emotionen, kontrolliert unsere Äußerungen von Wut, Angst und Freude. Es beeinflusst unser Sexualverhalten, die vegetativen Funktionen des Organismus sowie das Gedächtnis und die Merkfähigkeit. Es ist uns nicht möglich, diese Dynamik zu messen oder zu erklären. Und sie wird auch immer individuell, dynamisch und einzigartig bleiben. Da finden binnen Sekunden unergründliche Entscheidungen statt. Die aber dennoch einfach getroffen werden. Und ich vertraue da einfach. Dass dieses Zusammenspiel zu einer in dem Moment richtigen Entscheidung führt. Wenn ich mit mir im Einklang bin. Wenn mein Gedächtnis voll von schlechten Erfahrungen ist, dann steigt die Wahrscheinlichkeit, ängstlich und unsicher zu sein, weniger mutig. Selbstverständlich beeinflusst das meine Entscheidungsfindung. Dann rät mein Trieb mir vielleicht zum Ja, doch meine traumatischen Erlebnisse empfehlen ein Nein. Immer wieder. Nur dann ist dein limbisches System nicht im Einklang. Denn das Leben ist Yin und Yang. Ja und Nein. Was nicht Jein bedeutet. Sondern eben, dass man mal Ja sagt und mal Nein. Nicht unbedingt zur selben Sache. Aber man entscheidet sich eben mal für etwas und mal dagegen. Wenn du nur Ja sagst oder ständig nur Nein, dann bist du aus dem gesunden Gleichgewicht gekommen. Denn ein Individuum ist stets voller Gegensätze. Nehmen wir mal hundert Entscheidungen. Und tausend Menschen. Du stellst ihnen hundert Fragen, die sie mit Ja oder Nein beantworten sollen. Wie wahrscheinlich ist es, dass einer alle Fragen mit Ja oder alle Fragen mit Nein beantwortet. Und wie wahrscheinlich ist es, dass zwei Personen exakt gleich vierzigmal mit Nein und sechzigmal mit Ja antworten. Also bei jeder der hundert Fragen die identische Antwort geben. Egal ob

Ja oder Nein. Deswegen bin ich davon überzeugt, dass jemand, der immer nur Ja oder immer nur Nein sagt, eine psychische Dysbalance in sich trägt. Traumatisiert ist. Und deswegen viel zu naiv oder viel zu kritisch. Das limbische System, unser Gehirn darf nicht besessen sein. Von irgendwelchen Dämonen. Von irgendwelchen Glaubenssätzen, die das natürliche Vertrauen in das Bewertungssystem unseres Gehirns schwächen. Ich weiß, dass ich meiner Bewertung stets vertrauen kann. Dass nach einem Ja auch gerne mal ein Nein folgt. Dass alles im Gleichgewicht ist.

Ich möchte dir noch von einer Entscheidung aus meinem Businessleben erzählen. Ich bekam vor einigen Wochen eine Einladung zum Stadtderby in Leipzig. Vom 1. FC Lok Leipzig. Ich habe direkt zugesagt. Obwohl ich eigentlich andere Dinge dringend erledigen musste. Doch ich konnte nicht absagen, da ich letztes Mal schon kurzfristig krankheitsbedingt passen musste. Bei einem erneuten Nein nach Zusage hätten die Verantwortlichen mich nie wieder eingeladen. Und das auch völlig zurecht. Also wollte ich verbindlich bleiben und auch meinem Image nicht schaden. Bis zum Vorabend missfiel mir der Gedanke, an jenem Sonntagmorgen die Reise zu starten, vier Stunden Hinfahrt, das Spiel schauen und direkt wieder vier Stunden zurück nach Hamburg. Ich war kurz davor, erneut abzusagen. Doch ich entschied mich dafür, zu fahren. Auch, weil ich vertraute, dass es gut wird. Ich spürte irgendwie, dass ich fahren sollte. Eine innere Stimme sagte mir »Auch, wenn du keine Lust hast, bitte fahr los. Du wirst es nicht bereuen!« Und diese Stimme sollte recht behalten. Ich wurde vor Ort mit einem Freund von mir herzlich empfangen. Der Verein kümmerte sich, gab uns eine separate Führung auf dem Gelände. Wir durften auf den Platz, an den Kabinen die Spieler begrüßen. Im VIP-Bereich gab es leckeres Essen und Getränke. Wir sahen ein intensives und spannendes Derby. Wir erlebten leidenschaftliche Fans, sowohl bei Lok Leipzig als auch bei Chemie Leipzig. Wir unterhielten uns auch nach dem Abpfiff noch mit so vielen. Ich bekam von Zac Piplica noch das im Spiel getragene Trikot. Meine Posts von diesem Tag erreichten eine halbe Million Menschen. Einen Tag später rief mich die Leipziger Volkszeitung an und bat um ein Interview. Noch einen Tag später erschien ein Artikel über mich und meine Meinung zum Fußball in Leipzig an sich. Ach so, und auf dem Weg nach Leipzig drehte ich noch ein unterhaltsames Video, das bei Instagram und TikTok viral ging. Es war insgesamt also ein unfassbar wertvoller und schöner Tag. Zudem bekam ich nach zig Wochen Büro mal wieder ein bisschen Abstand vom gewohnten Umfeld. Ich war zu dem Zeitpunkt wirklich sieben Tage die Woche von morgens bis abends im Office. Was lerne ich mal wieder daraus? Vertrauen hilft. Und die Emotionen von heute sollten deinen Erfolgen von morgen nicht im Wege stehen. Die Entscheidung kann erst bewertet werden, wenn das Ergebnis vorliegt. Treffen musst du sie vorher. Doch aus einer vermeintlich falschen Entscheidung kann ein goldener Tag werden. Wie ich dir ja gerade erzählt habe.

Nun habe ich schon viel über Entscheidungen geschrieben. Aber eigentlich nur über die kleineren, weniger bedeutenden. Diese Alltagsentscheidungen, die auch sehr wichtig sind. Vor allem in Bezug auf die Zeit. Mit kleinen Entscheidungen sollten wir uns nicht zu lange aufhalten. Sonst treffen wir insgesamt weniger davon. Und das kann unser Tempo limitieren. Wenn du ein Macher sein willst, wenn du im Leben vorankommen möchtest, sowohl privat als auch beruflich, dann musst du Entscheidungen schnell treffen können. Und ich sage dir, man kann das lernen. Das kann ich dir aus eigener Erfahrung bestätigen. Und dir sollte eines stets bewusst sein: Du stehst immer im Wettbewerb mit Menschen, die sich schneller entscheiden können. Dir kann jemand die Stadiontickets vor der Nase wegschnappen, weil er sich schneller entscheidet. Dir kann auch jemand deine Traumfrau vor der Nase wegschnappen, weil er sich schneller als du entschieden hatte, sie anzusprechen. Oder nehmen wir an, du bist unglücklich in einem Arbeitsverhältnis. Überlegst dir schon lange, das Unternehmen zu wechseln oder dich selbständig zu machen. Obwohl du tief in dir ja bereits die Entscheidung gegen deinen aktuellen Arbeitgeber getroffen hast, traust du dich nicht, den endgültigen Schritt zur Veränderung zu gehen. Dadurch hat ein Konkurrent die freie Position woanders bekommen. Eine Stelle, die du immer haben wolltest. Doch er hat sich einfach schneller entschieden als du. Es ist wirklich wichtig, zu verstehen, dass eine schnellere Entscheidungsfindung meist auch zu mehr Erfolg im Leben führt. Weil du dadurch automatisch mehr machst, mehr erlebst, mehr Erfahrung sammelst. Mehr lernst. Egal, ob privat oder beruflich. Durch schnelles Entscheiden hast du also immer einen Vorteil. Gegenüber Mitbewerbern, aber auch gegenüber dir selbst. Denn eine Entscheidung schafft stets Klarheit. Und Klarheit befreit. Lässt uns klar denken und handeln. Beseitigt all den Nebel in unserem Leben.

Aber was ist denn mit den großen Entscheidungen? Die man teilweise über Wochen, Monate oder gar Jahre mit sich rumschleppt. Immer wieder vertagt. Wie geht man damit um? Auch hier geht es um Mut und Schnelligkeit. Gerade eben rief mich ein Kumpel an. Und erzählte mir, dass es das wohl nun endgültig war mit ihm und seiner Freundin. In diesem Jahr hat sie, glaube ich, bereits das vierte Mal ihre Sachen gepackt und ist ausgezogen. Es ist ein ewiges Hin und Her bei den beiden. Es ist normal, dass du bei einer Beziehung nicht beim ersten Problem sofort die Segel streichst. Man muss an ihnen arbeiten. Beidseitig. Doch wenn immer wieder die gleichen Unstimmigkeiten aufkommen, man sich immer wieder über die gleichen Sachen streitet, immer wieder Unsicherheit und Enttäuschung den Alltag bestimmen, dann muss man einfach eine Entscheidung treffen. Denn diese nebulösen Halbzustände fressen einen auf. Machen krank. Man braucht Klarheit. Ein reinigendes Gewitter sollte der Wertedefinition dienen. Und dann schaut man, ob es eine Schnittmenge gibt und man eine gemeinsame Zukunft hat. Auch, wenn eine Entscheidung für das Ende einer Beziehung schmerzhaft ist. Wenn du tief in dir spürst, dass es richtig ist. Dann triff diese Entscheidung. Gegen die Beziehung, aber für dich. Eine Frau erzählte mir mal, dass sie mit ihrem Freund eine Vereinbarung hat. Sobald die Beziehung toxisch wird, trennen sie sich. Ich finde das großartig. Der Schmerz einer Trennung wird sowieso vergehen. Immer. Aber dein Leben darf nicht voller Nebel sein. Du hast ein Recht auf Klarheit. Und du allein kannst es durchsetzen.

Eine andere große Entscheidung. Du bist irgendwo angestellt. Verdienst ein Gehalt, mit dem du einigermaßen über die Runden kommst. Machst keine großen Sprünge, aber es ist okay. Die Arbeit macht dir nicht mehr wirklich Spaß. Die Chefs und Kollegen sind so *naja*. Wertschätzung erfährst du für deine Leistung schon länger nicht mehr. Du überlegst, den Arbeitgeber zu wechseln oder dich sogar selbständig zu machen. Und nach zahlreichen schlaflosen Nächten, nach zigtausend Fahrten im Gedankenkarussell, entscheidest du dich. Selbständigkeit. Auf jeden Fall. Nicht sofort, aber irgendwann. Bald. Aber ich bin mir sicher. Es ist entschieden. Bis dahin bereite ich den Weg dorthin vor. Dafür brauche ich meinen aktuellen Job, er finanziert mir mein Leben für die Zeit, in der ich mich nebenbei auf die Selbständigkeit vorbereiten kann. Plötzlich bekommt dein Job eine Klarheit. Du hast ihn noch immer. Am Gehalt hat sich nichts geändert. Auch an der Wertschätzung nichts. Die Kollegen und Chefs sind immer noch *naja*. Doch du hast eine Entscheidung getroffen. Deren Umsetzung eigentlich erst in der Zukunft liegt. Sich zu entscheiden bedeutet nicht zwangsläufig, dass sich die Umstände sofort ändern. Doch wie du auf die Umstände reagierst, das ändert sich. Und zwar sofort. Bereits mit dem Fällen der Entscheidung. Du bist jetzt nicht mehr im Zweifel, nicht mehr in der Unentschlossenheit. Du warst mutig, gehst ein Risiko ein, das eigentlich keines ist, wie du weißt. Mut bedeutet Vertrauen. Vertrauen bedeutet Sicherheit. Und Sicherheit bedeutet Klarheit. Strebe immer nach Klarheit. Dann wirst du schnell Entscheidungen treffen können.

Zusammenfassung und Aufgaben:

- Eigentlich ist das Treffen von Entscheidungen wie Programmiersprache, entweder Eins oder Null. Ja oder Nein. Nichts dazwischen. Doch viele Menschen verlieren sich im Nebel der Unentschlossenheit. Radikal in seinen Entscheidungen zu sein, ist nichts Negatives. Im Gegenteil, du bringst damit Klarheit und Wahrheit in dein Leben.

- Du kannst dir für gewisse Entscheidungen schon ein wenig Zeit nehmen. Doch bedenke auch: Je langsamer du Entscheidungen triffst, desto weniger davon schaffst du am Tag. Ein hohes Tempo im Treffen von Entscheidungen bringt dir einen Vorteil gegenüber deinen Konkurrenten und Mitbewerbern.

- Vertraue bei der Entscheidungsfindung deiner erlernten Intuition des limbischen Systems. Dein Gehirn, gerne auch mal als Bauchgefühl beschrieben, spürt in den meisten Fällen schon ganz gut, was richtig und falsch ist. Außerdem wissen wir, dass *Richtig* und *Falsch* auch einfach relativ sind. Die Bewertung von Entscheidungen braucht Zeit. Manches Mal wendet sich das Blatt erst Jahre später. Und auch eine falsche Entscheidung kann dir viel neues Wissen schenken. Und Erfahrungsgewinn ermöglichen. Stelle dir stets die Frage, wie risikoreich eine Entscheidung wirklich ist.

- Was sagt dein Rival zu Entscheidungen? Dein Gegenspieler ist ein Meister im Entscheidungen treffen. Er macht das so schnell und völlig selbstverständlich. Dadurch ist er richtig erfolgreich geworden. Weil er sich nicht im unbedeutenden Detail verliert. Außerdem hat er für sich einen wichtigen Leitsatz entwickelt, der ihn immer schnell entscheiden lässt: Lieber unperfekt starten, als perfekt zu zögern. Einfach machen. Oder halt dagegen entscheiden. Aber kein Hin und Her. Dein Rival kennt nur Ja oder Nein. Er trifft generell Grundsatzentscheidungen. Die bringen ihn oft gar nicht in die Situation, manche Dinge täglich neu entscheiden zu müssen. Weil er sich eben für gewisse Prinzipien entscheidet. Die Fragen schon von Grund aus schnell beantworten. Dein Rival weiß auch, dass Entscheidungen dein Energiesystem beeinflussen. Vor allem, wenn man sie hinauszögert. Er hat einfach Spaß am Treffen von Entscheidungen gefunden. Weil sie das Leben so klar machen.

- Welche Entscheidung schiebst du aktuell vor dir her? Wo fehlt dir gerade der Mut, dich zu entscheiden? Ich sage dir jetzt was, das dich kurz stressen wird. Aber bitte mach es einfach. Du entscheidest dich bei einer deiner aktuell großen Fragen im Leben einfach innerhalb der nächsten 48 Stunden. Schreibe dir den Tag und die Uhrzeit auf. Du hast noch genau zwei ganze Tage für diese krasse Entscheidung. Aber dann wird die Entscheidung fallen. Okay? Ich bin gespannt. Vielleicht erzählst du mir irgendwann davon. Vor allem, was nach der Entscheidung passierte.

- Schreibe mal drei oder vier Situationen aus deinem Leben auf, in denen du dich sehr schnell entschieden hast und wo du auch gespürt hast, dass es genau richtig so war. Auch, wenn das Risiko vielleicht etwas größer erschien. Wo du aber eine Intuition gespürt hast. Und dann schnell Ja oder Nein gesagt hast.

Um die Zukunft vorherzusagen, sollte man sie selbst gestalten.

Verantwortung übernehmen. Was löst dieser Begriff in dir aus? Verursacht er Stress, macht er dich unruhig oder stärkt und motiviert dich der Gedanke daran? Ich bin ja immer ehrlich mit dir. Früher hatte ich unfassbare Angst vor Verantwortung. Und die Vorstellung, für etwas verantwortlich zu sein, setzte mich immens unter Druck. Aber warum? Ich habe es schlichtweg nie gelernt. Mir wurde es vorgelebt, dass bei Fehlern und Versagen immer andere Schuld sind. Und, ich erinnere mich noch an eine Situation, als ich ein kleiner Junge war. Damals machte ich neben dem Fußball auch noch Leichtathletik. Ich war unfassbar gut im Sprinten und im Weitsprung. Wurde dort auch Kreismeister. Nach einem Wettbewerb erzählte ich dann zuhause ganz stolz von meiner neuen Zeit über fünfzig Meter. Ich glaube, es waren 6,9 Sekunden. Im Alter von neun Jahren. Mein Vater kommentierte das mit genau einem Satz. »Oh, da hat Gott dich ja weit getragen!«. Diese Worte waren für mich wie ein Schlag ins Gesicht. Da wollte ich einfach nur Bestätigung bekommen, das Lob meines Vaters hören. Und wieder einmal denkt er nur an Gott. Macht ihn für diese Leistung verantwortlich und nicht mich. Und das waren genau diese Momente, wo du anfängst, Glaubenssätze von anderen zu übernehmen. In diesen jungen Jahren, wo du genau spürst, dass du eigentlich recht hast und ein richtiges Gefühl. Doch genau durch solche Aussagen anfängst, zu zweifeln. Mein Vater legte immer alles in Gottes Hand. Zumindest das Gute. Bei den schlechten Dingen gab es meistens eigentlich eine wahrhaftige Person, die das zu verantworten hatte. Die

Gesellschaft oder das System. Nur er hatte eigentlich nie Schuld, wenn etwas schiefgelaufen war.

Das war also mein Start mit der Verantwortung. Der nicht einfach war. Und erst im Alter von neunzehn Jahren, als ich tief in meiner Depression steckte, dann schließlich zusammenbrach und mich endlich in Therapie begab, fing ich an, herauszufinden, was Verantwortung eigentlich bedeutet. Ich erkannte, dass ich allein die Verantwortung trage, für das, was ich tue. Und auch für das, was ich nicht tue. Ich erkannte, dass in dem Begriff ja das Wort *Antwort* steckt. Krass, wie konnte ich das all die Jahre übersehen. Aber was sollte das nun im tieferen Sinne bedeuten? Das Verb *verantworten* entstammt dem mittelhochdeutschen *verantwürten* mit der ursprünglichen Bedeutung *sich als Angeklagter vor Gericht verteidigen*. Sein Vorahne wird als Übersetzung des lateinischen *respondere* »antworten, Antwort geben« aus der römischen Rechtssprache gesehen, das mit *responsibility* seinen Weg sehr unverändert ins Englische gefunden hat. Bei der Verantwortung geht es also um den Schuldbegriff. Es braucht jemanden, der nach einem Scheitern, nach Fehlern, nach Misserfolgen die Schuld und die Scham trägt. Der sich dafür eben vor Gericht verantwortet. Doch Verantwortung ist keine Einbahnstraße. Denn was passiert im Erfolgsfall, beim Jubel, im Sieg? Wer trägt dafür die Schuld? Wer verantwortet all das?

Am Ende ist es doch egal, wie das Ergebnis ist. Wenn du eine Unternehmung startest, ein Spiel antrittst oder ein Projekt ins Leben rufst, dann gibt es Menschen, die daran beteiligt sind. Und alle Beteiligten tragen die Konsequenzen für das, was sie einbringen und leisten. Oder auch nicht einbringen und nicht leisten. In einem Team sind das nun mehrere Personen. Da wird in der Niederlage dann oft versucht, die Schuld weiterzuschieben auf einzelne. Auf andere. Was den Gruppenfrieden dann schnell stören kann. Das geht als Einzelspieler natürlich nicht. Nehmen wir mal die Tennislegende Novak Djokovic. Er spielt ganz für sich allein. Er selbst verantwortet jede Niederlage und jeden Sieg. Was wäre, wenn er das nicht tun würde, könnte er dann überhaupt erfolgreich sein? Und damit sind wir bei einem wichtigen Parameter. Welche Konsequenzen hat das auf mein Leben, wenn ich Verantwortung übernehme. Oder eben nicht übernehme. Bleiben wir beim Beispiel Djokovic. Nehmen wir einmal an, er hätte in den Anfängen seiner Karriere bei jeder Niederlage geglaubt, irgendwer oder irgendetwas wäre verantwortlich für oder trage die Schuld an seinem Versagen. Der Trainer hat ihm einen falschen Tipp gegeben, deswegen hat er ein Spiel verloren. Der Tennisplatz war vielleicht uneben an manchen Stellen, deswegen kam es zur Niederlage. Wäre Djokovic dadurch besser und am Ende der erfolgreichste Tennisspieler der Welt geworden? Die Antwort kennen wir beide. Denn er hat aus seinen Fehlern stets gelernt. Und das geht nur, wenn du Verantwortung übernimmst für das, was du tust. Hätte er immer die Schuld auf andere, wie den Trainer, das Wetter oder den Platz geschoben, dann hätte er vielleicht nie einen Fehler begangen. Aber eben auch nie lernen und besser werden können. Wir erkennen hier also, dass Fehler sogar wichtig sind. Weil sonst keine Weiterentwicklung stattfinden kann. In dem Moment, wo ich mir eingestehe, einen Fehler gemacht zu haben, kontrolliere ich die Situation. Ich überlasse sie nicht dem Schicksal. Dann ist weder die Niederlage noch der Sieg abhängig von äußeren Einflüssen. Denn wenn ich keinen Fehler mache, bin ich ja auch verantwortlich für den Sieg. Oder in diesem Fall Djokovic. Ich stelle damit folgende These auf: Je mehr Verantwortung du für dein Leben und deine Handlungen übernimmst, desto erfolgreicher wirst du im Leben. Denn Verantwortung bedeutet immer auch Entwicklungsbereitschaft. Die Basis von Erfolg. Beziehen wir das mal auf meine Situation damals. Als es hieß, dass Gott meine Beine ja weit getragen hätte. Selbst, wenn ich an Gott glaubte. Er würde mir die Beine zur Verfügung stellen. Aber laufen müsste ich schon noch allein. Das ist etwas, das mein Vater anders gesehen und in meinen Augen auch missverstanden hat. Gott ermöglicht vielleicht, umsetzen musst du jedoch allein. Somit war er stets aus der Verantwortung. Und ich einfach nur irritiert. Denn da ist dieser kleine Junge mit einem Gefühl, das richtig war. Aber auch mit dem Vertrauen in seinen Vater. Das eigentlich nie da war und doch durch Angst und Respekt immer wieder versucht wurde, zu erzwingen.

Schauen wir doch mal auf die Verantwortung in Bezug auf Teams. Wo am Ende alle oder niemand schuld sein kann am Sieg oder der Niederlage. Ich spiele ja mein Leben lang schon Fußball im Verein. Da heißt es immer, dass man zusammen gewinnt und zusammen verliert. In der Theorie klingt das schön. Und ist auch richtig. Doch in der Praxis machst du oft ganz andere Erfahrungen. Es gibt Mannschaften, die schieben die Schuld einer Niederlage wirklich fast immer und ausnahmslos auf den Schiedsrichter oder die

Personalsituation in ihrer Mannschaft. So nach dem Motto »Hätten wir nicht so viele verletzte Spieler oder wären wir nicht so ungerecht vom Schiedsrichter behandelt worden, dann hätten wir gewonnen. Ganz sicher.« Wie soll dieses Team besser werden? Ich kann es dir sagen: Es kommt so gut wie nie vor, dass du ein Spiel wirklich wegen eines Schiedsrichters verlierst. Und wenn dir ein paar deiner Spieler fehlen, vielleicht auch echte Leistungsträger, dann kannst du ein Spiel dennoch gewinnen. Das hat die Vergangenheit so oft gezeigt, dass man gerade bei Personalnot enger zusammengerückt, nochmal mehr gibt und am Ende überraschend gewinnt. Weil auch niemand etwas erwartet hat. Wenn du natürlich vor dem Spiel schon nach Ausreden suchst und den Sieg eigentlich schon herschenkst, wie willst du dann erfolgreich sein? Oft ist es auch so, dass die Offensive eines Teams der Defensive die Schuld an einer Niederlage geben möchte. Oder andersrum. »Wir haben doch nur ein Tor kassiert, aber wenn ihr vorne keinen rein macht, wie sollen wir gewinnen?« Oder eben andersrum. Am Ende hat jeder auf dem Platz die Möglichkeit, Verantwortung zu übernehmen. Als Defensivspieler ein Tor zu erzielen oder als Offensivspieler ein Tor zu verhindern. Es gibt allerdings ein Problem, wenn jeder sich auf den anderen verlässt. In einem erfolgreichen Team muss jeder Spieler auf dem Platz sich zu jederzeit verantwortlich fühlen. Wenn du immer nur deinen Mitspielern die Schuld gibst, wie willst du dann besser werden? Nur aus Fehlern kannst du lernen. Dafür musst du deine Fehler aber auch sehen und sie dir dann, ganz wichtig, eingestehen. Für Verantwortung muss man stark sein. Denn sie zu übernehmen bedeutet, den Willen zu besitzen, sich weiterentwickeln zu wollen.

Schiebt das Team im Kollektiv die Schuld auf äußere Umstände, entmachtet es sich. Und gesteht sich ein, keinen Einfluss auf den Ausgang des Spiels, keine Kontrolle über Sieg und Niederlage zu haben.

Als ich 2021 für mehrere Monate verletzt ausfiel, übernahm ich spontan den Trainerposten meines Teams. Weil der bisherige Coach das Handtuch warf. Und so fragte mich der Verein, ob ich das nicht interimsweise machen wollen würde. Ich stimmte zu. Sieben Spiele und viele Trainingseinheiten dazwischen stand ich in der Verantwortung. Nicht eine Partie verloren wir, als ich Trainer war. Wir kletterten durch diese Serie aus dem Tabellenkeller heraus nach oben. War ich dafür verantwortlich? Ja. Habe ich auf dem Platz gestanden? Nein. Schuld waren die Jungs. Sie haben einfach geilen Fußball gespielt, an sich geglaubt, nie aufgegeben. Sie fanden wieder die Liebe am Spiel an sich. Sie waren auch schuld, wenn wir unentschieden spielten. Klar. Doch am Ende war immer ich verantwortlich. Für den Sieg, für ein Unentschieden. Und ich wäre, hätten wir verloren, auch für die Niederlage verantwortlich gewesen. Wie ich aufstellte, wie ich auswechselte, all das lag in meiner Verantwortung. Hätte ich die sieben Spiele alle verloren, ich hätte dafür »haften« müssen. Mit meinem Ruf als Trainer. Ich hätte die Schande über mich ergehen lassen und die Scham spüren müssen. Als Loser dagestanden. Doch ein Glück stehe ich heute als Erfolgscoach da. Weil ich mich aber auch verantwortlich gefühlt habe. Für den Verein. Die Mannschaft. Für jeden einzelnen Spieler. Ich habe bei Fehlern vielleicht mal gepöbelt, aber vor allem auch verziehen.

Und gebeten, daraus zu lernen. Ich habe den Spielern Vertrauen geschenkt und an sie geglaubt. Ich wollte und musste sie besser machen. Ich sah ihre Talente und Fähigkeiten, wollte ihre Potenziale entfalten. Denn ich musste mich im schlimmsten Fall ja für sie vor Gericht verantworten. Wenn wir mal bei dem Bild vom Anfang dieses Kapitels und der Definition des Begriffes *Verantwortung* bleiben. Verstehst du, was ich meine? Weil ich mich verantwortlich fühlte, musste ich auch Einfluss nehmen. Es selbst mitgestalten. Sonst hätte ich ja den Erfolg einfach in die Hände von anderen gegeben. Und gebetet, dass sie gut spielen. Meine Spieler einfach dem Schicksal überlassen. Und zu der Verantwortung, die ich trug, gehörten immer auch Entscheidungen. Entscheidungen sind immer risikoreich. Das wissen wir beide ja. Weil man den Ausgang nicht kennt und ein möglicher Schaden entstehen kann. Und für diesen Schaden soll am Ende jemand haftbar gemacht werden. Im übertragenen Sinne. Jemandem muss die Schuld zugeschoben werden. Durch Schaden gewinnt man aber. Weil er lehrt. Und die Erkenntnis Wissen erzeugt, das einen weiterentwickelt und besser macht. Es ist diese typische Kette von Vorgängen. Mit all ihren Bestandteilen, die immer Mut, Vertrauen und Stärke voraussetzen. Egal, wo und wann im Leben. Mut und Vertrauen führen zu der Stärke, risikoreich entscheiden zu können. Und im Moment des Schadens, des Verlustes oder der Niederlage erkennt man die Stärke oder Schwäche eines Menschen. Ob er die Verantwortung für seine Entscheidung bzw. Leistung übernimmt, oder eben nicht.

167

Wann immer also jemand kommt und anklagt, dann bist du derjenige, der Rede und Antwort steht. Also das Ganze be- oder eben verantwortet. Wie ich ja eingangs erzählte, über- nahm ich erst spät Verantwortung für meine Worte und Ta- ten. Ich habe es doch vorgelebt bekommen, immer einen anderen zu finden, der Schuld ist. Das war für mich eigent- lich nur der Beweis dafür, fremdbestimmt zu sein. Selbstof- fenbarend, keine Kontrolle und Macht über das eigene Han- deln zu besitzen. Und dann denkst du wirklich, stark zu sein, wenn du Fehler zu anderen rüberschiebst. Und vor- gaukelst, perfekt zu sein. Wer das macht, der gibt offen zu, an einer Weiterentwicklung nicht interessiert zu sein. Wenn derjenige auch wirklich verantwortlich war. Also wenn dir jetzt vorgeworfen wird, etwas getan zu haben, wo- mit du absolut nichts zu tun hast und womöglich sogar eine Verwechslung vorliegt, dann ist es natürlich völlig legitim, den Fehler abzustreiten und eventuell auch auf den tat- sächlichen Übeltäter hinzuweisen. Ich glaube, wir verste- hen uns. Es geht eher um diesen Moment, wo jemand ver- sucht, seinen Arsch zu retten. Sein Image nicht kaputtzu- machen. Auf unfaire und unehrliche Art und Weise.

Ich möchte dir noch ein Beispiel aus dem Alltag näherbrin- gen. Aus dem man auch viel mitnehmen kann. Was Schuld und Verantwortung anbelangen. Und wie am Ende selbst doch so Vieles beeinflussen kann. Wie mächtig man doch eigentlich ist. Ein Kumpel hat mir mal folgenden Satz ge- sagt, der bis heute tief in meinem Gedächtnis verankert ist. *Wenn jemand das erste Mal zu spät kommt, ist es nicht deine Schuld. Beim zweiten Mal schon.* Boom. Lies den Satz bitte nochmal. Der ist krass, oder? Und so wahr einfach. Wahnsinn. Was bedeutet das letztendlich in Bezug auf Verantwortung? Dass du allein die Verantwortung dafür trägst, wie Menschen auf Dauer mit dir umgehen. Wenn ich mich mit jemandem treffe, sagen wir um neun Uhr morgens. Dann erwarte ich von ihm, dass er meine Zeit respektiert und auch um neun Uhr da ist. Denn ich gehe davon aus, dass derjenige pünktlich ist. Sollte ich also spät dran sein und es eilig haben, vielleicht über eine rote Ampel oder in einen Blitzer fahren. Also Vieles dafür in Kauf nehmen, um rechtzeitig da zu sein, damit ich dann feststelle, dass ihm die Zeit völlig egal ist, und er nach Lust und Laune eintrifft, vielleicht zehn Minuten später, dann werde ich sauer sein. Weil er mich und meine Zeit nicht respektiert. Jeder Mensch kommt mal zu spät. Das ist menschlich. Doch das Wichtigste ist, dann einfach kurz einmal Bescheid zu geben. Und zwar realistisch. Nicht lügen oder verschonen. Einfach ehrlich sein. Damit der andere sich nicht unnötig stressen muss oder seine Zeit dann dementsprechend anders nutzen kann.

Nun hast du ja zwei Optionen als derjenige, der warten muss. Du sagst dem, der ohne Info an dich zu spät kommt, dass es doch gar kein Problem sei und alles gut ist. Er fühlt sich dann verstanden, hat ein super Gefühl und weiß, du wirst künftig kein Problem damit haben, wenn er erneut zu spät kommt. Ohne Bescheid zu geben. Er kann dann mit dir und deiner Zeit umgehen, wie es ihm am besten passt. Ohne auf dich Rücksicht nehmen zu müssen. Die andere Option ist, dass du ihm direkt bei Ankunft sagst, dass du enttäuscht bin. Weil er nicht einmal kurz eine Nachricht geschrieben oder angerufen hat. Und du dadurch einfach nur gewartet hast und deine Zeit nicht wirklich anderweitig nutzen konntest, weil du dachtest, er würde jeden Moment eintreffen. Wenn du das mit aller Klarheit und Ernsthaftigkeit sagst, kannst du sicher sein, er wird nächstes Mal auf jeden Fall Bescheid geben, vermutlich aber gar nicht mehr unpünktlich sein. Wenn du ihm wirklich sagst, dass du das respektlos findest. Ich weiß, dass der Gedanke daran, das auszusprechen, befremdlich für dich sein mag. Doch es ist völlig legitim und du gestaltest damit deine Zukunft. Wie die Menschen mit dir umzugehen haben. Welche Werte dir wichtig sind. Es liegt also in deiner Verantwortung, ob jemand auch ein zweites Mal zu spät kommt. Denn wenn es nochmal passiert, dann hast du dich nicht klar genug ausgedrückt.

Das Gleiche kannst du auch auf alle anderen Bereiche oder Situationen des Lebens übertragen. Gehen wir mal auf die Arbeit ins Büro. Es ist dein erster Tag. Du begrüßt deine Kollegen. Erster Eindruck. Dein Händedruck ist entscheidend, dein Auftreten, deine Stimme und auch das, was du sagst. Wie du es sagst. Genau jetzt beeinflusst du, wie sich all die neuen Menschen dir gegenüber beim nächsten Mal verhalten. Dafür trägst du allein die Verantwortung. Ob sie dich hänseln oder respektieren werden. Denn du hast immer eine Antwort auf alles. Du kannst dich verteidigen.
Doch es gibt natürlich auch Situationen, in denen es kein zweites Mal gibt. Wo Verantwortung dennoch eine große Rolle spielt. Ohne dabei ein zweites Mal aufeinander treffen zu müssen. Du bist verantwortlich dafür, wie man Sex hat. Ob man verhütet oder nicht. Egal, ob du ein Mann oder eine Frau bist. Beide entscheiden das mit. Und da kann nicht der

eine dem anderen dann sagen »Ja, ich wollte das aber eigentlich gar nicht so!«. Nur, weil eine Geschlechtskrankheit übertragen oder die Frau schwanger wurde. Beide müssen sich dafür verantworten. Auch, wenn der Mann sich auf ihre Worte verlässt. Sie vielleicht eine fehlerhafte Aussage trifft, was ihre Empfänglichkeit oder Verhütung anbelangt. Der Mann trägt am Ende auch die Verantwortung, wenn er die Frau schwängert. Auch, wenn er die Schuld vielleicht auf die Sexpartnerin und ihre Falschaussage schiebt. Denn ohne die Lust und Entscheidung des Mannes entsteht kein Kind. Somit muss man für die Konsequenzen des Risikos auch geradestehen.

Das sind natürlich bisher alles sehr konkrete, logische und greifbare Beispiele. Die sich bilateral oder eben aus einer kleineren Gruppe oder einem Team heraus entwickeln. Doch vielleicht werden wir an dieser Stelle ein bisschen philosophischer. Und fragen uns, wofür wir denn noch verantwortlich sind, außer für uns selbst. Liegt es in unserer Verantwortung, die Welt zu retten? Können wir das überhaupt? Welche Verantwortung trage ich in der und für die Gesellschaft? Ich kann dir etwas von mir erzählen. Denn vor einigen Jahren entschied ich, Verantwortung nicht nur für mich und andere zu übernehmen, sondern auch für unsere Gesellschaft. Für das Miteinander. Was nicht auf konkrete Personen mit definierbaren Namen reduziert ist. Sondern viel allgemeiner. Seit neun Jahren ist einer der Leitsprüche meiner Marke Bolzplatzkind *Herkunft: egal. Sprache: egal. Leistung: wichtig.* Und diese vereinenden Worte haben schon so viele Millionen von Menschen gelesen. Auf meinen Kanälen, aber auch beispielsweise in der Story von Toni Kroos.

Der aktuell 49 Millionen Follower auf Instagram hat. Ich habe mich während Corona in den Wind gestellt und für Gerechtigkeit gekämpft. Dafür Vieles in Kauf genommen und riskiert. Die Menschen finden mit mir jemanden, der genau das ausdrücken kann, was viele denken. Ich bin stets auf der Suche nach der Wahrheit, um Gerechtigkeit in unsere Gesellschaft und das Leben zu bringen. Und mit dieser Verantwortung erreiche ich monatlich Millionen von Menschen. Seit 2015. Ich erzähle dir das nicht, um mich zu pushen. Das brauche ich nicht mehr. Ich will dir nur zeigen, was man als Einzelner erreichen kann. Was die Worte oder die Entscheidungen eines Menschen bewegen können. Da gibt es neben mir auch tausend andere Beispiele. Und du kannst auch eines davon sein. Dafür brauchst du nicht einmal in der Öffentlichkeit stehen. Du kannst mit Freunden reden. Mit Arbeitskollegen. Du kannst sie überzeugen von deinen Gedanken. Ihr könnt euch zusammentun. Und beeinflussen. Andere Mitmenschen, euren Chef. Du kannst mit einem Schild auf eine Demo gehen. Und schon morgen ist ein Foto von dir auf all den Titelseiten der Tageszeitungen. Doch du kannst auch im Stillen Verantwortung übernehmen. Deiner Familie und deinen Kindern Werte vermitteln. Du hast immer Einfluss. Auch auf die Gesellschaft. So klein du dich auch fühlst. Du gestaltest mit. Durch eine Stimme bei der Bundestagswahl beispielsweise. Oder indem du dich informierst über das Weltgeschehen. Proaktiv. Divers. Nicht, indem du all das glaubst, was dir automatisch erzählt wird. Denn *Nachrichten* können auch bedeuten, etwas nachzurichten. Was vielleicht nicht ganz der Wahrheit entspricht. Deswegen trägst du auch die Verantwortung, dich seriös zu informieren. Ob über *Gerüchte* im Privaten oder die *Fakten* in der Öffentlichkeit. Ich wünsche mir wirklich von Herzen, dass du ein selbstbestimmter Mensch wirst, der selbstverantwortlich durchs Leben geht. Der Verantwortung trägt. Und für seine Entscheidungen haftet. Der weiß, dass man Fehler macht und es eine Stärke ist, sie sich einzugestehen.

Zusammenfassung und Aufgaben:

- Verantwortung zu tragen, bedeutet auf der einen Seite, sich einen Fehler einzugestehen und die Schuld für einen Schaden oder Verlust auf sich zu nehmen. Auf der anderen Seite kann man auch ein Team oder eine Gruppe verantworten, für deren Handlungen und Leistungen man geradestehen muss.

- Wichtig ist dabei, zu erkennen, dass Verantwortung bedeutet, Kontrolle und Macht über die Handlungen zu besitzen. Und dass man das Geschehen nicht ohnmächtig äußeren Einflüssen überlässt.

- Was sagt dein Rival zur Verantwortung? Dein Gegenspieler hat bereits vor einiger Zeit schon Gefallen daran gefunden, verantwortlich zu sein. Er steht gerade für die Niederlage, lässt sich im Sieg aber auch feiern. Denn beides hat er zu verantworten. Ohne Ausreden. Dein Rival weiß, dass Verantwortung Mut und Vertrauen abverlangt. Doch er besitzt die Stärke, Ängste zu überwinden. Und Vertrauen zu gewinnen. Außerdem weiß dein Gegenspieler schon lange, dass er nur erfolgreich werden kann, wenn er Fehler macht und aus ihnen lernt.

- Wann hast du das letzte Mal unerwartet Verantwortung übernommen? Wann hast du dich zuletzt verantwortlich gefühlt für etwas, wo du überrascht warst. Was dir ungewohnt war. Und dir etwas Mut abverlangte.

- Wie könntest du trainieren, mehr Verantwortung zu übernehmen? Gibt es Situationen, in denen du künftig vielleicht stärker und verantwortungsbewusster auftreten möchtest? Schreibe doch gerne mal ein paar auf.

Feedback und Bewertung: Ehrlich wächst am längsten

Der amerikanische Basketballtrainer Doc Rivers sagte mal: »Average Players want to be left alone. Good players want to be coached. Great players want to be told the truth.« Was für ein mächtiges Zitat.

Du siehst hier sofort, dass Erfolg etwas mit Feedback zu tun hat. Wer allein gelassen werden möchte, der will keine Rückmeldung. Diese Menschen glauben entweder, dass sie schon gut genug sind und nicht besser werden müssen. Oder sie meinen, dass die eigene Rückmeldung zu ihrer Person oder Leistung ausreichend ist und sie sich damit selbst realistisch bewerten können. Diese Leute bleiben meist durchschnittlich in dem, was sie tun. Es sind oftmals sehr eigene Charaktere, die sich durch ihren Stolz selbst im Wege stehen.

Dann spricht er von den Guten, die trainiert werden möchten. Das bedeutet schon mal, dass sie bereit sind, sich helfen zu lassen. Sie vertrauen auf die Kompetenz eines Trainers und dessen Einschätzungen zu ihrer Person und ihren Leistungen. Doch auch hier kann es sein, dass ein Feedback des Trainers nicht ehrlich oder zu subjektiv ist. Es ist möglich, dass ein Coach Angst hat, die Wahrheit zu sagen. Aus unterschiedlichsten Gründen. Er bangt um seinen Job im Verein. Oder hat Angst vor der Reaktion eines Spielers. Er wird die Spieler besser machen. Besser als der Durchschnitt. Diese Menschen legen jedoch ihr Schicksal oft auch in die

Hände des Trainers. Sie müssen geführt und angeleitet werden. Diese Spieler oder Menschen funktionieren oftmals nur.

Ja und dann gibt es die ganz großen Spieler und Menschen. Jene, die die Wahrheit hören möchten. Denen man sagen soll, dass ihr Fitnesszustand katastrophal ist. Dass sie an ihrer Schnelligkeit arbeiten müssen. Die unbedingt und um jeden Preis besser werden wollen. So sehr es auch schmerzen wird für den Moment, wenn man die Wahrheit erfährt. Denn nur, wenn man die ungeschönte Realität vor Augen sieht, kann man sie verändern.

Gehen wir direkt mal weg vom Sport in den normalen Alltag. Sobald wir das Haus verlassen, bekommen wir Feedback. Vergisst du morgens, dir etwas anzuziehen und gehst nackt aus dem Haus: Du wirst es merken. Spätestens, wenn du die Blicke der Menschen siehst, sie dich darauf ansprechen, empört sind oder vermutlich sogar direkt die Polizei rufen, die dich dann spätestens darauf aufmerksam macht. Das geht aber auch angezogen. Kleidest du dich besonders schick und warst vielleicht gerade frisch beim Frisör, erzeugst du gerne auch mal positive Reaktionen. Fremde Menschen lächeln oder sprechen dich an. Läufst du mit Bomberjacke und Springerstiefeln herum, wirst du auch eine Rückmeldung bekommen. Menschen schauen vielleicht verängstigt oder verärgert. Egal wie du da draußen herumläufst, es findet immer eine Bewertung von anderen statt, die bewusst oder unbewusst zu einer Rückmeldung führt. Verbal oder nonverbal. Das finde ich immer so spannend, wenn dir Menschen erzählen, dass sie nicht bewerten. Höre ich ganz oft. »Ich kenne den Menschen doch gar nicht, deswegen darf ich ihn auch nicht bewerten!« Meiner Meinung nach eine der größten Lügen. Ich hatte die Diskussion schon öfter in Bezug auf Datingapps. Dass die Bewertung da ja so oberflächlich sei. Und dann reden die Menschen davon, man dürfe sich kein Urteil erlauben. Natürlich kannst du nicht binnen Sekunden einen Menschen in seiner Ganzheit erfassen, verstehen und seriös bewerten. Darum geht es auch nicht. Mir geht es darum, dass es ganz natürlich ist, ständig zu bewerten. So funktioniert unser Gehirn. Wir müssen doch sofort einschätzen können, ob eine Gefahr oder Chance besteht. Fangen wir mal mit einem Hund als Beispiel an. Du gehst durch eine verlassene Straße. Ganz allein. Plötzlich bemerkst du etwa zwanzig Meter vor dir einen Hund. Auch allein. Der stehen bleibt und dich anstarrt. Nun frage ich dich, was du tun würdest. Genau, du antwortest »Kommt drauf an«. Du brauchst also mehr Informationen von mir, richtig? Die kann ich dir geben. Damit du den Hund anhand seiner Merkmale bewerten kannst. Du schätzt dann in kürzester Zeit ein, ob der Hund für dich eine Gefahr darstellt oder nicht. Weil du ja weißt, dass Hunde auch beißen und dich verletzen können. Das möchtest du nicht. Hier würden wir alle ganz rational in der Bewertung sein. Weil eine potenzielle Gefahr unmittelbar vor uns steht. Ich würde wetten, dass du die ganze Zeit einen größeren, wirklich gefährlichen Hund vor Augen hattest, oder? Der aggressiv wirkt und knurrt. Vielleicht schon ein paar Schritte auf dich zu macht und zeigt, dass er gar keine Angst vor dir hat. Es ist aber der Taschenhund einer Influencerin. Der tausend Schritte macht, um einen Meter voranzukommen.

Das Mädel macht in der Seitenstraße gerade Fotos für Instagram und hat den Hund dabei wohl ganz vergessen. Würdest du jetzt einfach weitergehen und an dem Hund vorbeilaufen? Vermutlich schon. Verstehst du, warum ich dieses Beispiel gewählt habe? Wir leben von Informationen, die wir bewerten. Jeden Tag. Wir sehen Merkmale, auf die wir gewisse Charaktereigenschaften oder Verhaltensweisen zurückführen. Ob ein Hund mit dem Schwanz wedelt oder nicht, kann uns viel verraten. Sofern er noch einen hat. Natürlich können wir auch sagen, dass der aggressive und knurrende Hund nicht böse ist. Als Welpe war er noch unschuldig. Konnte keiner Fliege was zuleide tun. Würde ich voller Vertrauen und Liebe auf ihn zugehen, ohne Angst. Ihm auf Augenhöhe entgegenkommen. Ihm all seine Unsicherheit nehmen und so einfühlsam mit ihm sprechen, dass er sich nicht bedroht fühlt. Dann kann es sein, dass er total lieb zu mir ist. Weil er mir vertraut. Vertrauen braucht aber eben auch Zeit. Und die haben wir oft nicht, um die Komplexität eines Lebewesens oder auch einer Sache zu erfassen. Es wäre jetzt auch falsch, wenn man so bewertet und behauptet, dass alle Hunde gefährlich seien oder alle Hunde lieb. Wir wissen, dass es nicht so ist.

Und so ist es eben auch bei Menschen. Kein Mensch gleicht dem anderen und wir können nicht von einer Person auf alle anderen schließen. So nach dem Motto »Ich nehme jede Frau. Hauptsache, sie hat ihre Geschlechtsmerkmale!« Oder wenn du eine Frau bist. Dann sagst du auch nicht, dass du alle Männer attraktiv findest. Und sobald du Unterschiede machst, bist du in der Bewertung. Die, wie schon erwähnt, völlig natürlich und menschlich ist. Wenn du als Frau auf

Tinder einen Mann siehst, der stark übergewichtig ist, dann signalisiert dir das etwas. Das bedeutet nicht automatisch, dass der Typ ein schlechter Mensch ist. Ich habe selbst Freunde, die stark übergewichtig sind. Und die schätze ich sehr. Sonst wären sie nicht meine Freunde. Aber, du erhältst binnen Sekunden eine Information, die dir sagt, dass dieser Mann vermutlich nicht allzu viel Sport macht und dafür auch etwas zu viel isst. Einfach ein Fakt. Und das bewertest du nun. Für dich. Vielleicht bist du jemand, der in seiner Freizeit eher im Gym oder draußen ist und nichts damit anfangen kann, zuhause auf dem Sofa zu chillen, Chips und Cola zu essen und trinken. Und deswegen möchtest du diese Person nicht kennenlernen, weil du spürst, dass es von der Lebensphilosophie her nicht passen wird. Wann immer du etwas siehst, bewertest du es erstmal. Und zwar mit dem Wissen, was du zu diesem Zeitpunkt hast. Denn es kann ja sein, dass derjenige zwar aktuell noch stark übergewichtig ist, aber bereits gestern angefangen hat, abzunehmen. Und das Ziel verfolgt, sechzig Kilo zu verlieren. Ist möglich, habe ich selbst in meinem Freundeskreis erlebt. Wenn derjenige diese Information bei seinem ersten Eindruck, bleiben wir mal bei Datingapps, aber nicht auf seinem Profil mitteilt, werden die meisten erstmal entscheiden, kein Interesse zu haben. Ich wette, dass der stark Übergewichtige die Zahl seiner sogenannten Matches deutlich erhöhen würde, wenn er über sein Vorhaben des Abnehmens in seinem Profil schreibt. Die Frauen würden es dann wiederum zu Beginn der Unterhaltung sicherlich erwähnen, dass sie diese Einstellung super finden. Dass da jemand ist, der an sich arbeiten möchte. Dieses Feedback würden sie dem Mann aus diesem Beispiel vermutlich geben. Und für ihn würde das wiederum bedeuten, dass er erkennt, dass Frauen es wertschätzen, wenn man bereit ist, sich zu verändern.

Bei Blind Dates, wo sich die Beteiligten nur aus dem Internet kennen, vielleicht ein paar Bilder gesehen haben, ist Feedback auch ganz wichtig. Wenn da ein Mann ist, der superheklige Zähne hat. Auf den Bildern sieht er aber sehr attraktiv aus. Weil er allerdings auch nie lächelte und nur Fotos mit geschlossenem Mund hochgeladen hatte. Dann trifft sich eine Frau mit ihm. Sieht die Zähne. Ist abgetörnt. Und sagt dann am Ende, dass es irgendwie nicht so passt. Weil sie ihn nicht verletzen will oder Angst hat, einfach ehrlich zu sein. Habe ich schon gehört von jemandem, dass es genauso passiert ist. Wenn sich dieses Szenario immer wiederholt und die Frauen ihm nie ein ehrliches Feedback geben, was wird sich ändern? Dem Typ muss gesagt werden, dass seine Zähne supereklig sind und das der Grund ist, warum die Frau kein zweites Date möchte. Nur, wenn er das hört, kann er etwas ändern. Und anfangen, seine Zähne zu pflegen oder zu reparieren. Feedback ist so wichtig für Veränderung. In dem Moment, wo eine Frau das zu ihm sagt, mag es sehr hart für ihn sein. Auf Dauer hilft es ihm jedoch. Und so ist es überall im Leben. Feedback schadet nicht. Es fördert. Wenn es ehrlich ist. Und das Motiv ein gutes. Die Leute sagen dann oft »Boah, das ist aber gemein, das kannst du doch nicht sagen!« Wenn meine Intention eine gute ist und ich weiß, dass mein Feedback zu einer positiven Veränderung führt. Dann ist das alles andere als gemein.

Ich kenne eine Person, die aus dem Ausland kommt und seit sechs Jahren in Deutschland lebt. Sie spricht schon ganz gut Deutsch, macht allerdings immer wieder grobe Grammatikfehler. Wirklich immer wieder die gleichen. Oftmals einfach der falsche Satzbau. Doch niemand hat sie in den letzten Jahren darauf hingewiesen. Warum nicht? Weil die Menschen Angst haben, dass das schlecht rüberkommt. Vielleicht würde die Person denken, man sei ausländerfeindlich. Oder man würde ihr nicht genug Zeit geben, die sehr schwierige Sprache Deutsch zu erlernen. Man möchte die Person nicht verletzen. Ich bin da anders. Ich höre mir ein paar Mal an, was die Person sagt. Und wenn ich merke, dass da strukturelle Fehler wiederholt werden, dann sage ich das. Natürlich nicht beim ersten Treffen. Sondern, wenn ich die Person schon ein bisschen einschätzen kann und etwas mehr über sie weiß. Wie soll sie das sonst ändern? Wenn sie in dem Glauben lebt, richtig zu sprechen. Weil niemand sie korrigiert? Ich weise sie nun immer wieder mal darauf hin. Natürlich auf sympathische Art und Weise. Und sie weiß auch, dass ich das gut meine. Ist sehr dankbar dafür. Mein Motiv ist nicht das Klugscheißen und das eigene Ego. Ich möchte, dass die Menschen besser werden und Fehler reduzieren. Dafür habe ich dann das richtige Fingerspitzengefühl, wann ich jemanden auf einen wiederkehrenden Fehler hinweise und wann nicht. Und vor allem wie. Und da sind wir ja bei dem Anfangszitat von Doc Rivers: »Great players want to be told the truth.« Nur wenn sie weiß, dass sie einen Fehler macht, kann sie diesen auch ändern. Feedback ist deshalb so wichtig. Denn die Wahrheit ist, dass sie Probleme mit dem Satzbau hat. Und das muss sie wissen. Ohne

Rücksicht auf die Herkunft oder die Angst, sie möglicherweise damit zu verletzen. Wenn ich weiß, dass sie Fehler macht, kostet mich das einen Satz, ihr das zu sagen. Verändert allerdings ihr ganzes Leben. Natürlich ist es einfacher, wenn man unsicher ist und es schnell gehen muss, einen Satz so zu konstruieren, dass man irgendwie verstanden wird. Und irgendwie damit durchkommt. Aber man wird eben nicht besser dadurch. Nun muss die Person mir jedes Mal zehn Cent zahlen, wenn sie Relativsätze mit dem falschen Wort beginnt. Hart, aber nur so wird sie es lernen. Ganz sicher. Sie wird sich sprachlich also deutlich verbessern in Zukunft, weil ich ihr Feedback gegeben habe.

Nun solltest du nicht davon ausgehen, dass die Menschen alle auf dich zukommen, um dir ein konstruktives Feedback zu geben. Das machen ja die wenigsten. Weil sie eben nicht verletzen wollen oder Angst vor Ablehnung haben. Aber, wie wir ja wissen, die großen Spieler wollen, dass man ihnen die Wahrheit sagt. Und wenn ich sie nicht geliefert bekomme, dann hole ich sie mir. Um die Wahrheit über dich zu erfahren, abseits von deiner subjektiven Bewertung, brauchst du ehrliche Rückmeldungen. Und am besten nicht nur eine, sondern viele. Und am besten auch qualitativ hochwertige. So bringt es beispielsweise herzlich wenig, einen Linksextremisten zu fragen, ob man genug tut, um Millionär zu werden. Denn er würde schon das Millionärwerdenwollen an sich kritisieren. Du bräuchtest da jemanden, der dir objektiv sagt »Du, laut einer Studie arbeitet ein Millionär dreizehn Stunden am Tag. Das wird bei dir schwierig, wenn du bis in die Mittagsstunden schläfst und jeden Tag feiern gehst.« Oder wenn du einen Rechtsextremisten fragst, ob du vielleicht ausländerfeindlich bist, weil du noch nie eine schwarze Frau kennengelernt hast. Der Rechtsextremist würde vielleicht sagen »Das ist auch gut so. Die Natur hat sich schon was dabei gedacht, dass wir weiß und die schwarz sind. Und du bist mehr wert als die.« Dabei bräuchtest du einfach jemanden, der sagt, dass du vielleicht mal eine daten solltest. Und dir die Vorstellung einfach nur fremd ist. Vielleicht ist es für dich einfach nur etwas Neues, das du ausprobieren solltest. Andersrum übrigens genau das Gleiche. Auch Menschen aus anderen Kulturen schauen bei der Partnersuche oft nur in ihrem eigenen Dunstkreis. Weil sie es so gelernt haben. Vermeiden dadurch, einen Deutschen zu daten. Letztendlich will ich anhand dieser Beispiele verdeutlichen, dass es auch darauf ankommt, wer dir Feedback gibt. Und welche Qualität oder welchen Wert es dadurch hat. Und welches Motiv eben dahintersteckt. Wenige können sich beim Geben von Feedback von ihrem Ego lösen. Wer hat denn wirklich auch hier dein Bestes im Sinn? Wieder einmal eine entscheidende Frage. Behalte das immer im Hinterkopf. Doch sei vorsichtig bzw. einfach ehrlich mit dir. Begehe nicht den Fehler, dass du eine unangenehme Wahrheit als qualitativ minderwertiges Feedback abtust. So nach dem Motto »Ach der hat eh keine Ahnung«. Du spürst es, wenn jemand Recht hat. Du spürst die Wahrheit. Belüge dich hier bitte nicht selbst. Denn du willst ja wachsen. Und besser werden. Und ein großer Spieler des Lebens werden. Und deshalb möchtest du, dass man dir die Wahrheit erzählt. Und wie gesagt, in den seltensten Fällen wird sie dir geliefert. Du musst sie abholen. Fragen stellen. Und die Leute bitten, brutal ehrlich zu sein.

Kinder können das super. Kennt ihr so eine Situation? Ein kleiner Junge ist mit seiner Mutter im Supermarkt. Neben ihm ein stark übergewichtiger Mann. Das Kind zeigt mit dem Finger auf den Mann und fragt ganz laut: »Mama, warum ist der Mann so dick?« Die Erwachsenen schämen sich etwas, versuchen nicht zu lachen und die Mutter muss das jetzt gut moderieren können. Alle Erwachsenen wissen, dass der Mann viel zu schwer ist und bereits gesundheitliche Probleme dadurch hat. Doch niemand sagte es ihm bisher. Nun kommt der kleine Junge und spricht diese Wahrheit ohne Filter in der Öffentlichkeit einfach aus. Das kennen Erwachsene ja kaum noch. Deswegen lachen sie auch. Weil es so absurd ist, dass es jemand so direkt ausspricht. Aber der Mann bekommt vielleicht erstmals wirklich gespiegelt, wie er gesehen wird. Vielleicht ist das der Anfang seiner Veränderung. Weil ihm ein kleines Kind einfach nur eine ehrliche Rückmeldung gegeben hat.

Ich möchte euch nochmal ein Beispiel geben. Wie wichtig Feedback ist, um besser zu werden. Ein Bekannter erzählte mir mal von einem Mann, der älter war als er. Sagen wir fünf Jahre. Mein Bekannter ist rhetorisch sehr gewandt und kann einfach sehr gut sprechen. Der ältere hingegen druckste viel herum, baute immer wieder Ähms und Öhs in seine Sätze ein. Obwohl er fünf Jahre länger auf der Welt ist als mein Bekannter, spricht er schlechter. Wie kann das sein? Er hat doch viel mehr Übung. Fünf Jahre Vorsprung. Und genau jetzt stellen wir fest, dass es beim Besserwerden gar nicht um die Häufigkeit geht. Es geht nicht darum, wie oft du etwas machst. Sondern wie schnell du lernst. Und ob du überhaupt lernst. Und das geht ja nur durch Feedback. Ich habe dann mal auf mich geschaut. Und ich hatte auch dieses Ähm in meinen Sätzen. Um die Zeit zu überbrücken, während man überlegt. Es klingt aber absolut scheiße. Und vermittelt vor allem selten Sicherheit und Kompetenz. Und so habe ich mich nach dieser Reflektion dazu entschieden, mein Ähm abzutrainieren. Aber wie? Ich kam auf eine Idee. Wann immer ich eine Sprachmemo auf WhatsApp erstellen sollte, würde ich genauestens darauf achten, ob ich *Ähm* sage. Sobald ich *Ähm* sagte, müsste ich die Memo von vorne beginnen. Ohne Ausrede. Auch, wenn ich schon zwei oder drei Minuten gesprochen hätte. Und das zog ich dann durch. Plötzlich achtete ich so krass darauf, das Wort, wenn man es denn überhaupt als solches bezeichnen kann, nicht mehr zu sagen. Weil ich absolut keine Lust hatte, alles Gesagte zu wiederholen. Und das funktionierte. Binnen weniger Tage war mein *Ähm* fast gänzlich verschwunden. Es kommt ab und zu noch wieder. Das ist ein langer Prozess. Und manchmal auch tagesformabhängig. Doch ich war ehrlich mit mir selbst. Als die Geschichte meines Bekannten mir Feedback gab. Ich erkannte, was mich störte. Und änderte etwas, das längst überfällig war.

Meine Ex-Freundin hat deshalb einen so großen Anteil an meiner Weiterentwicklung, weil sie einer der ehrlichsten Menschen ist, die ich in meinem Leben kennengelernt habe. Durch sie habe ich so viele Wahrheiten über mich kennengelernt, die ich daraufhin verändern konnte. Die alten Wahrheiten formte ich zu neuen. Was für ein Geschenk. So konnte ich in dieser Zeit einen großen Schritt der Veränderung machen. Doch ich habe mir auch in anderen Bereichen des Lebens Feedback geholt. Man muss auch lernen, Rückmeldungen lesen zu können. Wenn du im Vertrieb arbeitest. Und du scheiterst immer wieder. Bekommst absolut nichts verkauft. Dann ist es irgendwann an der Zeit, zu reflektieren. Der Wahrheit auf den Grund zu gehen, warum du niemanden von deinem Produkt oder deiner Dienstleistung überzeugen kannst. Nun fragst du nicht jeden Kunden direkt, woran es liegt, dass er Nein sagt. Manch einer schon. Das hilft. Und klar, mit etwas Erfahrung hörst du es auch raus. Doch nicht jeder Gesprächspartner gibt dir, wie heute schon mehrfach geschrieben, ehrliches Feedback. Dann bleibt dir noch die Möglichkeit, auszuprobieren. Und das ist ein ganz entscheidender Faktor in meinem Leben. Ich habe immer versucht und getestet. Geprüft, geändert. Neu gestartet. Nochmal anders versucht. Immer und immer wieder geschaut, wann und wie man auf Resonanz trifft. Das spürt man an den Reaktionen der Menschen, ob ihnen etwas gefällt oder nicht. Du testest mal diesen Spruch und mal jenen Joke. Und merkst dann sehr schnell, welcher gut ankommt. Und welcher nicht. Trial and Error. Versuch und Irrtum. Ist ja wie in einem Labyrinth. Du glaubst, ein Weg sei der richtige, merkst aber, dass du nicht weiterkommst. Weil der Weg versperrt ist. Das ist dein Feedback, das dir den Irrtum spiegelt. Dann gehst du einen neuen Weg. Kommst durch. Ohne Hindernis. Das ist dein Feedback, das den Erfolg spiegelt. All das funktioniert aber nur, wenn wir ständig bewerten. Nur durch Bewertung sind wir bereit für den nächsten Schritt oder die nächste Entscheidung. Wie übersetzen wir *Feedback* eigentlich im Deutschen? Zurückfüttern? Passt ja eigentlich. Du hast eine Frage und jemand füttert dich. Mit Informationen. Informationen sind Wissen. Wissen entwickelt uns weiter. Wissen ist auch Macht. Wir sind mächtiger. Im Sport, im Beruf. Wo auch immer. Aber Hauptsache nicht ohnmächtig.

Zusammenfassung und Aufgaben:

- »Average players want to be left alone. Good players want to be coached. Great players want to be told the truth.« Dieser Leitsatz erinnert dich stets daran, dass der große Erfolg in deinem Leben von Feedback und Bewertung abhängt. Schaue, dass Menschen dir von allein Feedback geben oder du dir Feedback einholst. Wichtig ist, dass es ehrlich und qualitativ hochwertig ist. Belüge dich nicht selbst. Denn du willst ja lernen und besser werden.

- Wie steht dein Rival zu Feedback und Bewertung? Dein Gegenspieler weiß, dass er Stärken und Schwächen hat. Er versucht, diese durch ehrliches Feedback herauszufinden. Sofern er seine Stärken kennt, kann er an ihnen arbeiten und sofern er seine Schwächen kennt, kann er an ihnen arbeiten. Dein Rival hat keine Angst vor unbequemen Wahrheiten, die schmerzen können. Er weiß, dass am Anfang der Veränderung immer ein Schmerz zu spüren ist. Außerdem ist deinem Gegenspieler bewusst, dass Bewertung zum Leben dazugehört. Nur durch Bewertung kann er Gefahren und Chancen einschätzen. Er weiß, dass eine schnelle Bewertung nicht immer die Ganzheit einer Situation oder eines Menschen erfassen kann. Doch es ist okay für ihn, mit dem gegenwärtigen Wissensstand Entscheidungen zu treffen. Dein Rival probiert immer aus und testet. So kann er durch Feedback erfahren, ob oder wie er auf Resonanz stößt.

- Überlege bitte einmal, bei welcher Sache du Feedback bräuchtest. Weil du dir vielleicht selbst unsicher bist, ob du dich richtig und der Wahrheit entsprechend einschätzt. Wenn du etwas gefunden hast, dann schreibe genau jetzt drei Personen über WhatsApp. Formuliere klar und verständlich eine Frage dazu und schicke sie an drei Menschen, die dir dazu Feedback geben sollen. Ich warte hier so lange. Versprochen. Bis gleich.

- Glückwunsch. Das war sehr mutig. Ich bin gespannt, was kommt. Und überzeugt davon, dass dir das weiterhelfen wird. Als weitere Aufgabe bitte ich dich, einmal alle Punkte aufzuschreiben, bei denen du möchtest, dass man dir die Wahrheit über dich erzählt. Vielleicht hast du schon immer eine Frage zu deinem Aussehen oder einer speziellen Eigenschaft. Vielleicht möchtest du einmal wissen, wie die Menschen deine Rhetorik einschätzen. Oder du fragst dein Umfeld mal, wie empathisch es dich findet. Schreibe wirklich einmal alles auf, damit du reinen Tisch mit dir machen kannst. Damit du einmal alle Wahrheiten erfährst. Um dann an dir arbeiten zu können. Nimm dir eine halbe Stunde dafür. Denn sie verändert dein ganzes Leben.

Erwartungen. Und das Ende einer Täuschung.

Etwas erwarten. Was steckt hinter diesem Wort? Er wartet. Auf etwas, das nie kommen wird? In der Soziologie ist eine Erwartung die Annahme, was ein anderer oder mehrere andere tun würden oder sollten. Ein Geburtstagskind erwartet, dass sich seine Mutter, sofern sie noch am Leben ist, bei ihm meldet und gratuliert. Dies ist eine emotionale Erwartung. Weil man eine Bindung zu dieser Person hat. Wenn man einen Zug erwartet, dann hat das nichts mit Emotionen zu tun, sondern schlichtweg mit einem Fahrplan, nach dem man sich richtet. Du bist nicht verletzt von dem Zug und der Zug verspürt auch keine Schuldgefühle.

»Nur wer erwartet, kann auch enttäuscht werden.« Diesen Satz nutze ich sehr gerne. Denn er ist ein schöner Leitspruch fürs Leben. Wenn mir jemand sagt, dass er mich liebt, dann erwarte ich, dass er mir das zeigt. Wenn jemand mir sagt, dass er mir hundert Euro schenkt, dann erwarte ich, dass er mir hundert Euro gibt oder nach den Bankdaten fragt, um zu überweisen. Jemand gibt also ein Versprechen, dem du Glauben schenkst, dass er es hält.

Aber hast du dir schon mal Gedanken darüber gemacht, dass in dem Wort *Versprechen* auch das Wort *versprechen* steckt? Ich habe mich versprochen. Also etwas anders gesagt, als es eigentlich richtig heißt. So könnte man fast meinen, dass auf ein Versprechen immer eine Enttäuschung folgt. Also das Ende einer Täuschung. Erwartungen und Enttäuschungen sind sehr eng miteinander verstrickt. Auf ein Versprechen folgt eine Erwartung. Und aus ihr resultiert eine Enttäuschung.

Eine große Herausforderung bei den Erwartungen ist oft die Semantik. Also das Verständnis eines Menschen, wie er Begriffe definiert. Denn jeder interpretiert die Liebe unterschiedlich. Jeder interpretiert die Freundschaft unterschiedlich. Der eine hat das Gefühl, sich oft zu melden, wenn er einmal im Monat anruft. Dem anderen reicht das nicht. Er meldet sich mehrmals die Woche. Und so ist eine erste Hilfe beim Entstehen oder Entwickeln von Erwartungen, dass man in einer zwischenmenschlichen Beziehung semantisch klärt, welche Bedeutung gewisse Begriffe haben. Natürlich ist es schwierig, bei einem Date direkt zu klären, was beide unter Liebe verstehen. Das macht ja die ganze Magie kaputt. Den Zauber. Viel zu rational. Und ich denke, da haben wir schon eine weitere Eigenschaft von Erwartungen entdeckt. Sie sind irrational. Lateinisch *unvernünftig*.

Ich möchte hier einmal eine These aufstellen. Je mehr dir ein Mensch bedeutet, desto krasser kann er dich enttäuschen. Stimmt das, habe ich recht? Wir alle haben diesen Satz schon mal gehört: »Dass ausgerechnet du mich so enttäuscht, das hätte ich wirklich nicht erwartet!« Im schlimmsten Fall fließen bei dieser Aussage sogar noch Tränen. Aber klären wir mal per Definition den Begriff *Enttäuschung*: »Eine Enttäuschung bezeichnet das Gefühl, einem sei eine Hoffnung zerstört oder auch unerwartet ein Kummer bereitet worden.« Passt so weit. Vom Gefühl her ist es dieser Cocktail aus Frustration, Niedergeschlagenheit, Empörung, Verbitterung, Schock und Traurigkeit. Man spürt teilweise sogar temporär eine gewisse Lähmung und Ohnmacht. Ursprünglich hatte der Begriff eigentlich eine positive Bedeutung: »aus einer Täuschung herausreißen«, »eines Besseren belehren« oder »desillusionieren«. Am Ende ist es eigentlich wie beim ehrlichen Feedback. Dir wird endlich die Wahrheit erzählt. Du wirst nicht mehr getäuscht. Heute bedeutet *Enttäuschung*, einer Erwartung nicht zu entsprechen.

Schauen wir uns diese beiden Begriffe doch mal energetisch an. Was passiert, wenn man Erwartungen entwickelt? Man lädt sich auf. Mit Glauben und Hoffnung, vielleicht auch Wünschen. Mit Vertrauen. Diese Begriffe können Menschen motivieren und ganz viel Energie freisetzen und speichern. Man ist dadurch voller Tatendrang. Kommt ins Machen. Ins Tun und Handeln. Vielleicht auch ins Lieben. Auf welcher Ebene auch immer. Das gleiche passiert ja auch beim Placebo-Effekt. Einem Patienten werden Tabletten verabreicht, die gar keinen Wirkstoff enthalten. Der Patient weiß davon allerdings gar nichts. Er glaubt fest daran, dass er ein wirksames Medikament bekommt. Daraufhin bessert sich sein Gesundheitszustand tatsächlich. Die Krankheit schwindet. Verantwortlich dafür war allein seine Erwartungshaltung. Erwartungen erzeugen also Energie. Positive Energie. Und im Moment der Enttäuschung entlädt sie sich. Dann entwickeln sich sofort diese kraftraubenden Gefühle. Als hätte jemand einen Stecker gezogen. Deswegen fühlt man sich so niedergeschlagen und antriebslos.

Natürlich werden wir bis zum Lebensende immer wieder mal enttäuscht sein. Weil unsere Erwartungen so hoch waren. Doch wir können die Zahl der Enttäuschungen und auch die Verarbeitungsphasen deutlich reduzieren. Indem wir einfach unsere Gedanken dazu ändern. Es ist auch hier ein bisschen wie mit den Problemen. Das Schlechte passiert sowieso im Leben. Entscheidend ist, wie du darauf reagierst. Und so erschließt sich daraus resultierend eine logische Schlussfolgerung. Selbst, wenn wir unfassbar hohe Erwartungen an etwas oder jemanden haben und diese nicht erfüllt werden, dann sind wir nicht dazu verpflichtet, enttäuscht zu sein. Wer schreibt uns das denn vor? Niemand. Zuallererst können wir dankbar sein. Soeben eine Wahrheit erfahren zu haben. Nicht mehr getäuscht zu werden. Oftmals hatte man ja auch schon lange ein gewisses Bauchgefühl oder spürte ein Unwohlsein oder gar Misstrauen. All das kann sich mit einer Enttäuschung plötzlich lösen. Klarheit. Geil. Mögen wir. Enttäuschungen können also als Geschenk betrachtet werden.

Nun könnten wir aber auch überlegen, den Enttäuschungen prinzipiell aus dem Weg zu gehen. Gar nicht, weil wir sie verdrängen. Sondern weil wir sie gar nicht erst entwickeln. Erwartungen sind ja eigentlich auch ein Risiko. Wir investieren Energie, in der Hoffnung, sie in einem ähnlichen Maße zurückzubekommen oder sie gar zu verdoppeln. Den Schaden oder Verlust, also die Enttäuschung, können wir vermeiden. Indem wir gar kein Risiko eingehen. Dabei spielt die Euphorie ja eine sehr große Rolle. Eine vorübergehende, subjektiv wahrgenommene überschwängliche Gemütsverfassung. Wie oft hatte ich dieses Gefühl schon nach

irgendwelchen Geschäftsterminen, spontanen Bekannt-
schaften oder Dates. Kennst du das auch? Man spürt während und nach diesen Treffen und Gesprächen so eine
krasse Energie, die man ausgetauscht hat. Vereinbart schon
Dinge, bei denen man sich in dem Moment wirklich gegen-
seitig glaubt, dass man sie einhalten und umsetzen wird.
Und am Ende passiert gar nichts davon. Meistens ist dann
derjenige enttäuscht, der zu seinem Wort steht. Und macht
demjenigen einen Vorwurf, der sein Versprechen nicht hält.
Manchmal sind auch beide enttäuscht, weil sie aneinander
vorbeigeredet oder Begrifflichkeiten unterschiedlich definiert und verstanden haben. Die Misskommunikation darf
man wirklich nicht unterschätzen. Deswegen rede ich mit
manchen Menschen wie mit Kindern. Frage die einfachsten
Sachen nochmal nach. Weil es gerade digital zu so unfassbar vielen Missverständnissen kommt. Beziehungsweise
manche Menschen auch bewusst nicht klar kommunizieren
und am Ende dann so tun, als wären sie von Anfang an
transparent gewesen.

Ich kann dir mal ein Beispiel nennen. Wir setzten mit meiner Kommunikationsagentur ein YouTube-Projekt zur Euro
2024 in Deutschland um. Dafür wollten wir Werbepartner
gewinnen. Ich bin immer ein Fan davon, die Dinge so zu
kommunizieren, wie sie sind. Das weißt du. Ich verarsche
niemanden und präsentiere das Angebot klar und verständlich. So haben wir für die potenziellen Brands eine PDF er-
stellt, in der wir unsere gebotene Leistung erklären und
gleichzeitig auch den dazugehörigen Preis deklarieren. Auf
das Nötigste herunter reduziert. Grafisch leicht zu erfassen.
Ich glaube, wir hatten 117.000 Euro in dieser Kategorie als

Preis aufgerufen, um bei der 10-teiligen Doku als Werbe-partner dabei zu sein. Es ging um einen Mobilitypartner, also die Einbindung eines Autos. Wir schickten die PDF mit, die sich der zuständige Marketingleiter eines amerikani-schen Autovermieters selbstverständlich auch anschaute. Als wir dann einen Call mit ihm ausmachten, um nähere Details zu besprechen, war es für uns klar, dass er mit dem angegebenen Preis für unsere Leistung vermutlich klar-kommen würde. Oder zumindest tendenziell. Verhandeln geht ja immer. Ganz normal. Das kalkuliert man ja auch ir-gendwo mit ein. Wir haben dann das klassische Intro ge-macht, man stellt sich vor, redet ein bisschen über Gott und die Welt. Dann geht es irgendwann um unser Angebot und die PDF. Und dann sagt er wirklich, dass er kein Budget hat. Aber ein Auto für den Dreh stellen könnte. Ich meine, es ging um 117.000 Euro. Und er will die Leistung kostenlos. Wir sind wirklich vom Glauben abgefallen. Und waren nicht sauer, sondern enttäuscht. Weil wir erwartet haben, dass sein Budget zumindest in die Nähe unseres Preises kommt. Vermutlich hätte man hier vor dem Termin noch fragen sol-len, ob er mit dem Preisschild ungefähr einverstanden ist. Man hätte sich viel Energie sparen können. Am Ende kaufte sich ein französischer Automobilhersteller mit 80.000 Euro ein. Last-Minute-Tarif. Und solche Momente hat man im-mer wieder. Man geht davon aus, dass Menschen mitden-ken, oder eben die gleichen Gedankenprozesse ablaufen wie bei einem selbst. Und das ist, glaube ich, der größte Fehler, den man machen kann. Dass man von sich auf andere schließt. Denn nur weil etwas für dich klar ist, muss es das nicht für dein Gegenüber sein. Man setzt bei den Menschen stets so Vieles voraus. Weil viele Dinge ja eben logisch sind.

Doch ich habe festgestellt, dass auch Logik relativ ist. Und deswegen sollte man schauen, so viel wie möglich vorher zu kommunizieren und klären, bevor man Erwartungen entwickelt. Nach einem Gespräch wirklich nochmal zusammenfassen, was man wie vereinbart hat. Sich nochmal rückversichern, also nachfragen, ob alles verstanden wurde. Das klingt das ein oder andere Mal vielleicht lächerlich oder wirkt von oben herab. Aber es hilft dabei, Enttäuschungen zu vermeiden. Oftmals trauen sich Leute in Gesprächen auch nicht, ehrlich zu sein. Haben Angst vor Ablehnung in dem Moment. Wollen nicht verletzen und Nein sagen. Schämen sich. Was auch immer. Und suggerieren dem Gegenüber dann etwas, wovon sie wissen, dass es nicht umsetzbar ist. Verschenkte Zeit und Energie. Und eben ein Großlieferant für Enttäuschungen, die aus falschen Erwartungen resultieren. Oder man nimmt vorher einfach in Kauf, dass so ein Gespräch eben auch misserfolgreich endet. Du gehst ganz nüchtern rein. Redest direkt über den Preis. Wenn er herumdruckst, dann kommst du zum Ende. Alles Gute. Ciao. Ist eben unromantisch. Kommt oft kühl rüber. Aber beim Vermeiden von Enttäuschungen geht es eben auch darum, keine heißen Emotionen hochkochen zu lassen. Nicht diese Euphorie zu entwickeln. Einfach realistisch bleiben. Und am besten spüren, wenn es sich wirklich lohnt, euphorisch zu sein. Denn dieser Zustand kann grenzenlose Energie erzeugen, die entscheidend für den erfolgreichen Start einer Zusammenarbeit oder Partnerschaft sein kann. Doch man steigert sich anfangs halt gerne in etwas rein. Skizziert schon dieses Wunschszenario, verplant bereits das Geld. Das kann alles so außer Kontrolle geraten, dass die Erwartungen ins Unermessliche steigen. Und da zeigt einfach die selbstschützende Erfahrung, dass man erstmal abwarten sollte, was am Ende wirklich als Feedback oder Resultat kommt. Sich gleichzeitig auf eine Absage vorbereitet, aber sie eben auch nicht durch Schwarzmalerei heraufbeschwört. Sondern einfach mit gelassener Sachlichkeit, aber auch gesunder Hoffnung, abwartet. Mit dieser Gewissheit, dass man selbst ja alles gegeben, gesagt oder organisiert hat. Und dann einfach schaut, wie der andere reagieren wird.

Auf einen Punkt sollten wir unbedingt noch eingehen. Ich habe es vorhin kurz angeschnitten mit der Energie. Wie beeinflusst eine Erwartung eigentlich die Motivation? Bisher betrachten wir die Erwartungen ja eigentlich als etwas Negatives. Doch manche bringt sie erst ins Arbeiten. Nehmen wir an, du bist angestellt. Egal ob im Büro, in einer Werkstatt oder Lagerhalle. Du hast einen Chef. Er gibt dir am Montag einen Auftrag und sagt, dass du bis Freitag mit der Bearbeitung Zeit hast. Dann setzt du dich hin und erledigst die Sache bis Freitag. Ganz normaler Arbeitsalltag. Alles gut. Nun stellen wir uns aber mal vor, dass er sagt: »Ich brauche das bis Freitag und ich erwarte von dir, dass es nahezu perfekt wird, weil das ein sehr wichtiger Kunde ist, der uns damit beauftragt hat.« Welchen Einfluss wird das wohl auf deine Arbeit und das Ergebnis haben? Vermutlich einen unfassbar starken. Weil du weißt, dass es für dich negative Konsequenzen haben wird, wenn du nicht performst. Dein Chef wird von dir enttäuscht sein, meckern, dich schlecht bewerten. Und wenn du ein richtig guter Mensch bist, dann geht es dir wirklich auch um das Ergebnis für den Kunden.

Und legst dich deshalb ins Zeug. Hier machen die Erwartungen nochmal deutlich, welche Wichtigkeit dieser Auftrag hat. Der Chef spielt eigentlich mit dir und dem Wort bzw. mit der Konsequenz daraus. Er möchte nicht, dass du ihn enttäuschst. Und du weißt, was eine Enttäuschung für Gefühle hervorruft, und die wünscht man keinem und deshalb weckt es in dir Empathie oder du hast einfach nur Angst vor den negativen Konsequenzen für dich in diesem Arbeitsverhältnis. Fakt ist auf jeden Fall, dass Erwartungen extrinsisch unfassbar stark motivieren und dadurch die Leistung steigern können. In den meisten Fällen. Es gibt auch Leute, die mit diesem Druck gar nicht umgehen können. Dann völlig verunsichert sind und ein Ergebnis des Grauens liefern oder Zeitprobleme bekommen. Weil sie alles zerdenken. Dieser Druck ist für viele Menschen lähmend. Stell dir folgende Situation einmal vor. Du kennst sie, hast sie schon mal erlebt. Ganz sicher. Du sitzt am Rechner oder vor dem Laptop und dein Chef steht hinter dir. Plötzlich sollst du kreativ sein und für irgendein Problem schnell eine Lösung finden. Er schaut die ganze Zeit mit auf den Bildschirm, bei jeder Bewegung, die du mit der Maus machst. Furchtbar. Ich kenne das. Und ich kann dich beruhigen. Der Mensch kann nicht auf Knopfdruck kreativ sein, wenn es ein anderer von ihm erwartet. Das geht nur, wenn es spontan von ihm selbst kommt, oder wenn man nach einem Auftrag etwas Zeit und Raum für Kreativität bekommt. Also echte Kreativität. Keine Alibi-Ideen, mit denen man den Chef schnell loswerden möchte oder ihm signalisiert, man denke gerade nach. Das ist auch wichtig im Umgang mit Erwartungen. Dass man kommuniziert. Dem Chef eben genau das mitteilt. »Du, ich brauche kurz Zeit dafür. Allein. Damit ich mir was Gutes einfallen lassen kann. So unter Druck geht das nicht.« Er wird das in den meisten Fällen verstehen. Weil du ihm eine klare Ansage gemacht hast, die Sinn ergibt. Anhand dieses Beispiels erkennen wir, dass wir Erwartungen verbal auch steuern können. Indem wir das eigentliche Ziel des Gegenübers gar nicht ändern. Denn der Chef bekommt ja seine Lösung. Die beste sogar. Nur nicht sofort. Wir vermitteln ihm jedoch glaubhaft, dass der Weg zum Ziel etwas Zeit braucht. Und so kannst du das auch in andere Lebensbereiche transportieren. Eine Frau, die du seit einigen Wochen kennenlernst, erwartet beispielsweise von dir, dass du sie und künftig auch eure gemeinsamen Kinder versorgen kannst. Deswegen bohrt sie unterbewusst mit Fragen, die ihr darauf Antworten geben sollen. Und du weichst etwas aus, weil es finanziell aktuell nicht so läuft, dass du in diesem Moment eine Familie ernähren kannst. Sie wird ihre Erwartungen aber nicht ändern, nur weil du darüber nicht sprichst. Die Frau möchte einfach wissen, wie sie planen kann. Vielleicht ist sie auch schon über dreißig und hat nicht mehr so viel Zeit, um den Partner für ein Leben mit Kindern zu finden. Wenn du ihr nun sagst, dass die finanzielle Lage aktuell etwas schwierig ist, sich das in Zukunft aber ändern wird. Und du alles dafür gibst, sie und eure zukünftigen Kinder später einmal zu versorgen, dann ändert das alles. Sie weiß, dass ihr beide das gleiche Ziel habt. Und nun muss sie dir vertrauen. Aber du hast der Situation den Druck genommen, der durch ihre Angst oder Unsicherheit entstanden ist. Du gibst der Sache Zeit, ihre Erwartungen, aber vor allem deine Erwartungen zu erfüllen. Denn das ist ja auch dein Ziel. Und da sind wir bei einem entscheidenden Punkt. Es geht vielmehr um deine Erwartungen an dich selbst im Leben. Denn es ist ein großer Unterschied, ob dich andere enttäuschen oder du dich selbst. Warum? Wenn du dich selbst enttäuschst, hattest du die Wahl. Du entscheidest darüber, ob du die Versprechen an dich selbst einhältst und ob du deine eigenen Erwartungen erfüllst. Wie andere sich verhalten, kannst du nicht immer beeinflussen. Ob sie lügen oder nicht. Aber ob du dich selbst belügst, das liegt stets in deiner Macht. Jeder hatte das doch schon mal. Dass man von sich selbst enttäuscht war. Fällt dir da eine Situation ein? Denk bitte einmal kurz darüber nach. Man hatte sich so viel versprochen. Und fest daran geglaubt, durchzuziehen. Am Ende hat man aber versagt. Nicht wegen der Schuld Anderer. Sondern weil man selbst zu schwach war. Man projiziert diese Enttäuschung dann gerne mal auf andere Menschen. Aber eigentlich ist man von sich selbst enttäuscht. Ich kenne das vom Fußball. Wenn jemand richtig scheiße spielt, bei ihm gar nichts läuft. Und dann pöbelt er andere an. Meint dabei aber eigentlich sich selbst. Weil er sich so viel vorgenommen hatte, aber einfach nichts funktioniert an diesem Tag. Die Bälle verspringen oder die Pässe kommen nicht an. Das ist mir auch schon passiert. Kennt vermutlich jeder Fußballer. Die Lösung muss aber sein, dass man die Enttäuschung mit sich ausmacht. Und nicht andere hineinzieht. Doch wie geht man am besten mit den Erwartungen an sich selbst um? Also erstmal kannst du im Prinzip alles vor dir erwarten. Es gibt da ja kein Richtig oder Falsch. Entscheidend ist lediglich, was auf die Erwartung folgt. Du kannst realistische Erwartungen an dich haben, wo du genau weißt, welche Schritte zu tun sind, um diese zu erfüllen. Um dich selbst nicht zu enttäuschen. Du kannst aber auch utopische Visionen und surreale Träume haben, die deine Erwartungen ins Unermessliche steigen lassen. Du weißt hier noch nicht, was zu tun ist. Aber dass etwas zu tun ist. Und zwar richtig viel. Vielleicht auch Unmenschliches. Du erhöhst damit zwar das Risiko, dich selbst zu enttäuschen. Doch du allein entscheidest, ob du deine Erwartungen erfüllst oder nicht. Und mit dir selbst kannst du ja stets offen reden. Vor allem ehrlich. Das ist das Wichtige.

Ich gebe dir ein Beispiel aus dem Alltag der Gesellschaft. Wie viele Menschen habe ich schon gehört, die groß werden wollten. Auf Facebook, Instagram oder TikTok. Mit einer Geschäftsidee, einer Marke oder einfach als Personal Brand. Oder sie wollten einen Podcast machen. Auch der Klassiker. Die meisten kommen nicht einmal über die Idee hinaus. Ein paar wenige fangen an. Produzieren eine Woche lang Content und geben dann auf. Weil Ausdauer, Geduld und Disziplin fehlen. Einer von Tausenden zieht durch. Sie alle hatten große Erwartungen. Dass es doch so leicht sei. Doch sie haben sich selbst über- und die Arbeit hinter einem erfolgreichen Account unterschätzt. Es hätte hier vorher eigentlich zwei Optionen gegeben. Entweder du informierst dich darüber, was man wirklich leisten muss, um so eine Marke oder so einen Account groß zu machen. Dann hättest du die Erwartungen an dich gut abschätzen und entscheiden können, ob du startest oder nicht. Oder aber du sagst »Fuck it. Ich will das unbedingt. Koste es an Zeit und Arbeit, was es wolle!« Und dann gäbe es nur eine Chance. Du glaubst dir deine eigenen Worte und ziehst durch.

Du kannst deine Erwartungen aber auch stets anpassen. Das ist manchmal wirklich clever. Ein großes Problem der digitalen Welt und ihrer Gesellschaft sind die Ansprüche. Vor allem bei der Partnerwahl. Die Optionen sind grenzenlos geworden. Ohne das Social Web musstest du als Mann oder Frau auf dem Dorf früher vielleicht zwischen fünfzig potenziellen Partnern in deinem Jahrgang wählen. Und den einen Partner hast du dann geheiratet. Es gab ein Ende. Das ist heute anders. Du kannst durch die Möglichkeiten des Social Webs nochmal wählen. Und nochmal. Es hört nicht auf. Es hört einfach nicht auf. Vielleicht kommt noch jemand, der besser ist. Und die Zeit rennt dahin. Multioptionsgesellschaft. In diesem Fall kann man sich einfach mal fragen, wohin sich meine Erwartungen eigentlich entwickelt haben. Ich bin doch so toll. Immerhin habe ich fünfhundert Likes auf mein neues Foto bekommen und viele reagieren in der Story mit einem Feuer-Emoji. Ich habe doch das Beste vom Besten verdient. Und schnell erwarten die Menschen viel zu viel. Und da sollte man seine Erwartungen dann vielleicht irgendwann einmal anpassen. Vielleicht ist es doch in Ordnung, wenn der potenzielle Partner nicht perfekt ist. Denn wer ist das schon? Diese Illusion der Perfektion hat unsere Erwartungshaltung generell in der Gesellschaft komplett kaputt gemacht. Und da kannst du selbst eben auch dran arbeiten, um diese Erwartungen mal wieder auf das Realitätslevel herunterzuschrauben. Indem du dich von der Fakeworld Social Media distanzierst. Das bedeutet nicht, dass du alle Accounts löschen und dich aus ihr verabschieden sollst. Sondern dass du ein Bewusstsein dafür schaffst, was echt und was unecht ist. Was realistisch ist. Und was nicht. Nicht jeder wird in einem Jahr Millionär.

Die meisten werden es ihr ganzes Leben lang nicht. Nicht jeder, der viele Follower hat, ist automatisch Millionär. Nicht jede Information der Medien ist wahr. Nicht alles, was dein Lieblings-Influencer erzählt, stimmt. Erwarte nicht, dass jeder ehrlich mit dir ist. Sondern finde es lieber heraus.

Aber kehren wir noch einmal zu den Erwartungen anderer Menschen an dich zurück. Deine Eltern. Sie hatten vermutlich immer die Erwartung, dass du etwas aus deinem Leben machst. Und das ist auch etwas Gutes. Falsch ist es, wenn sie von dir erwarten, dass du studieren musst oder einen Beruf erlernst, der nur ihnen gefällt. Dass sie Erwartungen an dich haben, finde ich richtig. Also einen Rahmen setzen, der dich auch antreibt. Aber wie du dich in diesem Rahmen bewegst, das sollte deinen und nicht ihren Erwartungen entsprechen. Eines ist ganz elementar, um seinen inneren Frieden zu finden. Du bist nicht auf der Welt, um die Erwartungen anderer zu erfüllen. Und du bist genauso wenig auf der Welt, um zu enttäuschen. Also falsche Versprechungen zu machen. Deswegen ist es so wichtig, klar und deutlich zu kommunizieren. Sage Nein, wenn du etwas nicht möchtest. Gib dir oder anderen Zeit, wenn sie Zeit brauchen. Erzeuge keinen Druck. Führe nicht hinters Licht. Versuche nicht, zu täuschen. Halte dein Wort. Oder gebe es gar nicht erst. Schaue, dass du jederzeit auf das, was du sagst, geprüft werden kannst. Die beiden größten Freunde der Enttäuschung sind mangelnde Kommunikation und fehlende Verbindlichkeit. Und die Erwartungen entstehen erst, wenn man kommuniziert und verspricht. Sei dir dessen stets bewusst. Bei allem, was du tust. Privat und beruflich.

Wir sollten uns stets fragen, warum wir Erwartungen haben. Aber auch, warum wir Erwartungen nicht erfüllen. Oftmals erwarten wir, dass andere Menschen die gleichen Werte, Eigenschaften, Prioritäten und Denkmuster haben wie wir. Und das ist einer der größten Fehler, den wir machen können. Fakt ist, dass niemand so ist oder denkt wie wir. Niemand. Du startest mit jemandem gemeinsam ein Projekt. Du gibst alles dafür. Der andere nur die Hälfte. Am Ende bist du deshalb enttäuscht. Doch hast du dich schon mal gefragt, ob seine Hälfte vielleicht alles in seinen Augen war? Vielleicht hat er alles herausgeholt, alles gegeben. Aber es waren seine hundert Prozent. Die für dich nur fünfzig waren. Du äußerst deinen Unmut, zeigst dem Partner, dass du enttäuscht bist. Er weiß für das nächste Mal, dass du hohe Erwartungen hast. Weshalb er beim nächsten gemeinsamen Projekt mehr gibt. Hundertzehn Prozent für ihn. Sechzig in deinen Augen. Mit deinen Erwartungen verschiebst du seine Grenzen. Und bist eher überrascht als enttäuscht. Merkst du gerade, dass es gar nicht so eindeutig ist, Erwartungen wirklich zu verurteilen? Weil sie eben auch motivieren können. Dennoch ist es hilfreich, wenn man sich selbst vor Enttäuschungen durch andere schützen möchte, Menschen nicht mit sich zu vergleichen. Im Moment der Enttäuschung verfügte der andere vielleicht nicht über dein Wissen, deine Disziplin, deine Ehrlichkeit, deinen Mut. Je mehr Empathie du aufbringst, also je mehr Empfindungen, Emotionen, Gedanken, Motive und Persönlichkeitsmerkmale einer anderen Person du erkennen, verstehen und nachempfinden kannst, desto weniger wirst du enttäuscht sein. Ganz sicher. Und schaue stets auch, ob du nicht selbst schon mal in der Lage warst, wo sich der Enttäuschende gerade befindet. Vielleicht räumst du ihm dann auch das Recht ein, sich noch zu entwickeln. Dafür müsst ihr aber reden. Du musst ihm dafür Feedback geben. Klar, offen und ehrlich. Und es ist ein bisschen wie beim Zuspätkommen. Das erste Mal ist es deine Schuld. Beim zweiten Mal nicht. Es ist mit der Enttäuschung nicht anders. Denn wer wartet, ist immer enttäuscht. Weil du gedacht hast, dass derjenige pünktlich ist. Er hat dich aber getäuscht. Und das hat mit dem Zuspätkommen ein Ende. Oftmals ist es dann so im Leben, egal ob privat oder beruflich, dass Menschen nach einer Enttäuschung beleidigt sind. Kennst du das? Jemand sagt irgendwas ab. Du bist unfassbar enttäuscht. Und auf seine Antwort bzw. Absage reagierst du nicht mehr. Weil du dich emotional schon so reingesteigert hast, dass du es tatsächlich vergisst. Oder, was wahrscheinlicher ist, weil du ihm damit Disrespekt zeigen möchtest. Du kommunizierst nonverbal, dass du sauer und enttäuscht bist. Du fühlst in dem Moment, dass diese Absage keine Antwort verdient. Weil sie überraschend kam. Und du damit nicht gerechnet hast. Oder vielleicht sogar einfach nur Hoffnung hattest, dass derjenige kommt. Weil er ja einst zusagte. Und du dich darauf eingestellt hattest. Für den Moment ist das in Ordnung, nicht zu antworten. Denn in der Emotion ist man manches Mal auch unfair und reagiert über. Aber wenn deine Gefühle schwinden, dann kannst du antworten. Und sagen, was dich enttäuscht oder verletzt hat. Und deutlich machen, dass es nur weitergehen kann, wenn das nicht noch einmal passiert. Auch hier hilft es, sich mitzuteilen. Wie viele Beziehungen privater oder beruflicher Natur sind schon dadurch beendet worden, dass jemand nach einer

Enttäuschung beleidigt war. Womöglich auch völlig zurecht beleidigt war. Wo man diese Beziehung aber hätte fortführen und sich zusammen weiterentwickeln können, wenn man doch nur einmal geredet, sich offen und ehrlich mitgeteilt hätte. Fallen dir da Beispiele aus deinem Leben ein? Mir so einige. Was hat man denn eigentlich zu verlieren, wenn man seine Enttäuschung mitteilt. Ist man nur beleidigt, ohne zu antworten, ist die Beziehung kaputt und beendet. So oder so. Dann kann man doch auch sagen, dass man enttäuscht ist. So kann der andere nämlich in sich gehen, reflektieren und sich möglicherweise entschuldigen. Und du hast dann die Option, dir zu überlegen, ob du ihm verzeihst und eine zweite Chance gibst.

»Von dir erwarte ich gar nichts mehr!« Hast du diesen Satz irgendwann schon mal gehört? Wie viel Enttäuschung, Wut und Hass stecken da vermutlich schon drin. Die Frage ist aber, was er beim Gegenüber auslösen wird. Wenn jemand nichts mehr von dir erwartet, dann gibt es eigentlich drei Möglichkeiten. Entweder, du resignierst einfach nur. Weil dieser jemand nicht mehr an dich glaubt. Und wir mögen immer jene Menschen, die an uns glauben. Spricht also jemand offen aus, dass er nicht an dich glaubt, dann kann deinerseits eine Trotzreaktion darauf folgen. Die zweite Option ist, dass du es als Ausrede nimmst, Dinge nicht zu tun. Wenn niemand erwartet, dass du pünktlich kommst, dann kannst du das ja auch weiterhin tun. Weil der andere sich, um nicht enttäuscht zu werden, bereits darauf einstellt. Dann kann es aber auch sein, dass er nicht mehr pünktlich sein wird. Weil er dich nicht mehr respektiert oder deine Zeitangaben nicht mehr ernst nimmt. Dann kann es sein, dass ihr euch irgendwie zwischen elf und zwölf Uhr trefft. Aber vertrauen und aufeinander verlassen könnt ihr euch nicht mehr. Die dritte Möglichkeit ist, dass du Vertrauen zurückgewinnst, also ins Handeln kommst, wieder verbindlich wirst, damit derjenige wieder etwas von dir erwarten kann. Weil du merkst, dass man für Beziehungen auch etwas tun und investieren muss. Also eine gewisse Grunderwartungshaltung wird es immer geben bei Beziehungen, quasi einen gemeinsamen Nenner oder eine Schnittmenge von Werten und einem Selbstverständnis im Umgang miteinander und Nutzen voneinander. Das funktioniert selbstverständlich nicht, wenn dies nur einseitig gegeben ist. Das ist ja oft der Anfang einer Enttäuschung. Dass die eine Seite nur gibt und die andere Seite nur nimmt. Übertrieben gesagt. Aber jeder hatte schon mal so eine Beziehung. Egal, welcher Art. Und wenn man das spürt, redest du eben drüber oder trennst dich halt ganz klar davon. Denn wie wahrscheinlich ist es, dass jemand seinen ganzen Charakter ändert? Und so sehr du dir auch wünscht, dass du für einen bestimmten Menschen wichtig bist, du kannst es nicht erzwingen. Wenn du ihm nicht allzu wichtig bist, dann hat er seine Gründe. Für die man ihm auch keine Vorwürfe machen muss. Das ist das Leben. Wir lieben nicht alle Menschen so, wie sie uns lieben. Und andersrum. Der Mensch darf dir allerdings auch nichts vormachen und Liebe oder Freundschaft vorgaukeln. Sich aber immer nur melden, wenn er sich auskotzen muss. Aber wenn du mal ein offenes Ohr oder einen Tipp brauchst, ist er nicht für dich da. So entsteht ganz oft Enttäuschung. Laufe keinem Menschen hinterher, dem du egal bist. Du spürst recht schnell, ob jemand wirklich Interesse an dir und deiner Person hat und ob er dir auch etwas geben oder nur nehmen möchte. Aber erwarte es von niemandem. Nicht einmal von deinen Eltern. Die Erfahrung habe ich gemacht. So viele Jahre habe ich gehofft, dass meine Eltern meine Erwartungen, die ich an sie stellte, erfüllen. So oft wurde ich enttäuscht. Immer und immer wieder haben sie mich verletzt. Bis ich das nicht mehr wollte. Da ich wusste, dass sie nichts ändern wollen, musste ich etwas ändern. Habe mich emotional von ihnen distanziert und somit schwanden auch meine Erwartungen. Und der Schmerz. Seither geht es mir gut damit. Akzeptiere Dinge, die du nicht ändern kannst. Dann wirst du weniger enttäuscht. Und schaue insbesondere vielmehr darauf, dass du dich selbst nicht enttäuscht. Dann wirst du auch von anderen weniger enttäuscht. Ganz wichtig.

Zusammenfassung und Aufgaben:

- »Nur wer erwartet, kann auch enttäuscht werden.« Mit diesem Motto lebt es sich leichter. Schraube deine Erwartungen nicht zu hoch und schätze die Umstände unabhängig von jeglicher Euphorie immer realistisch ein. Eine Enttäuschung ist stets das Ende einer Täuschung. Wir erfahren also eine Wahrheit, für die wir dankbar sein sollten.

- Erwartungen müssen nicht unbedingt negativ sein. Sie können auch motivieren und Leistung positiv beeinflussen. Viele entwickeln sich durch Erwartungen weiter und verschieben durch sie ihre eigenen Grenzen.

- Ein entscheidender Punkt, der Erwartungen und Enttäuschungen massiv beeinflusst, ist die Kommunikation. Wer offen, transparent und ehrlich miteinander redet, wird seltener enttäuscht. Vor allem Missverständnisse, unterschiedliche Interpretationsweisen oder bewusstes Täuschen erzeugen falsche Erwartungen und führen zu großen Enttäuschungen. Umso wichtiger ist es, klar und präzise zu formulieren, nichts hinzuzudichten oder wegzulassen. Und merke: Angst und fehlender Mut waren meist am Anfang einer Enttäuschung.

- Wie steht dein Rival eigentlich zu Erwartungen? Er kann sich natürlich auch nicht komplett von ihnen freimachen. Es ist menschlich, irgendwann etwas zu erwarten. So funktioniert unser Gehirn nun mal. Doch wie dein Gegenspieler weiß, können wir unser Denken stark beeinflussen. Und lernen, auf Dinge anders zu reagieren. Dein Rival lässt sich immer seltener in einer Beziehung von einer unerwarteten Wahrheit überraschen, aus der eine Enttäuschung resultiert. Warum? Er kommuniziert vorher klar und deutlich, fragt bei Unklarheiten nochmal nach, damit er mit seinen Partnern, sowie privat als auch beruflich, die gleiche Sprache spricht. Er weiß gleichzeitig auch, dass er nicht der Maßstab aller Menschen ist und er anderen nicht immer böse sein darf, wenn sie nicht so denken und handeln wie er. Dein Rival fokussiert sich vor allem darauf, sich selbst nicht zu enttäuschen. Das bedeutet nicht, dass er keine Erwartungen an sich stellt. Im Gegenteil. Doch er will sich selbst gegenüber verbindlich sein und Wort halten. Er weiß, dass er mehr Kontrolle über seine eigenen Erwartungen und Enttäuschungen hat als über die von anderen.

- Was kannst du zukünftig tun, um dich vor Enttäuschungen zu schützen? Schau mal, wie du vielleicht besser kommunizieren kannst, privat und beruflich, um keine falschen Erwartungen zu kreieren. Habe dabei keine Angst vor Ablehnung. Du bist nicht auf der Welt, um enttäuscht zu werden. Also hast du auch das Recht, dich davor zu schützen. Du entscheidest also auch, was du mit einem Menschen besprichst und was nicht. Verliere dabei aber nicht dein Fingerspitzengefühl. Denn manchmal kann es auch eine gewisse Magie zerstören, wenn man zu viel spricht. Und selbst wenn du enttäuscht wirst, entscheidest immer noch du, wie du darauf reagierst.

Angst verringert, Mut erweitert deinen Horizont.

Angst. Was für ein mächtiges Wort. Und das dürfte uns auch nicht verwundern. Denn Angst dominiert die ganze Welt. Jeden Tag. Der Begriff entwickelte sich seit dem 8. Jahrhundert vom indogermanischen *anghu* »beengend« hin zum althochdeutschen *angust*. Er ist verwandt mit lateinisch *angustus bzw. angustia* und steht für »Enge, Beengung, Bedrängnis«. Daher auch die *Angina* (Mandelentzündung) von *angor* »Würgen«. Das Wort wurde sogar ins Ausland exportiert. Und ist dort bekannt als *German Angst*. Man spricht im Englischen auch von *angst-ridden*. Also *von der Angst geritten*. Das Gefühl der Angst ist eine normale Reaktion auf Gefahr. Sie hat die Funktion, Sinne zu schärfen und Körperkraft zu aktivieren, um sich selbst und seinen Organismus vor Bedrohungen zu schützen. Die Angst leitet ein Verhalten ein, das dem Selbsterhaltungsprinzip des Körpers folgt und alles dafür tut, um unversehrt und am Leben zu bleiben.

Was würdest du sagen, hat sich unser Angstempfinden seit Anbeginn der Zeit verändert? Ich denke schon. In der Steinzeit warst du anderen Ängsten ausgesetzt als heute. Die Gefahr für Leib und Leben war enorm. Deine Existenz tagtäglich bedroht. Dann entwickelte sich irgendwann eine zivilisierte Welt und mit ihr kam auch der Wohlstand. Wohlstand bedeutet Sicherheit. Und Sicherheit verändert dein Angstempfinden. Du musst plötzlich keine Angst mehr haben, zu verhungern. Nun siehst du allerdings deinen Reichtum bedroht. Weil auf Reichtum immer auch Neid folgt. Neid, der sich aus der Angst eines anderen heraus entwickelt, der nichts hat.

Weißt du, welche einer meiner größten Ängste in den letzten zwanzig Jahren war? Die Angst, zu verhungern. Wirklich. Das ging los, als ich mit sechzehn Jahren unfreiwillig aus meinem Heimatdorf wegzog. Ich war früher sehr hager und irgendwie war ich nach dieser Entwurzelung einfach nicht mehr zufrieden mit mir und meinem Körper. Ich wollte unbedingt zunehmen. Es gab jedoch ein Problem. Die Erfahrungen meiner Kindheit und Jugend machten mich zu diesem Zeitpunkt traurig und ohnmächtig. Dadurch hatte ich generell weniger Appetit als normal. Mir war fast dauerhaft übel, hatte manchmal Migräne und auch einen nervösen Magen, wie das Ergebnis einer Magenspiegelung verriet. Zu dem Zeitpunkt wusste ich noch gar nicht, dass dies alles psychosomatisch war. Ich hatte also keinen Appetit, wollte aber gleichzeitig zunehmen. Und so entwickelte sich ein krasser Widerspruch in mir. Der Körper wollte nicht noch mehr in sich hineinfressen. Also seelisch. Ich wollte ihm aber immer mehr geben, um zuzunehmen. Das hat dazu geführt, dass mir noch schlechter war. Den ganzen Tag über. Und ich eine richtige Essstörung entwickelte. Die Konsequenz war, dass mein Herz sich gegen das Essen wehrte und mein Verstand es in sich hinein schaufelte. Dadurch habe ich teilweise eine halbe Stunde gebraucht, um einen Döner zu essen. Oder eine Stunde für eine Pizza. Ich konnte das Essen gar nicht mehr genießen. Und sah es nur noch als Pflicht. Gar als Zwang. Aus Angst, den Tag nicht zu überstehen, weil mir die Energie fehlen würde. Zudem merkte ich, dass das Essen bei mir immer privater wurde. Ich wollte eigentlich nur noch allein essen. Um bei dieser Anstrengung nicht gestört zu werden. Irgendwann konnte ich nicht mehr vor anderen Menschen essen. Und ich habe Weihnachtsfeiern oder andere Events abgesagt, wo man gemeinsam aß. Ich ließ mir dann irgendwelche Ausreden einfallen. Aber ich konnte nicht mehr auf Kommando, also zu einem von anderen bestimmten Zeitpunkt essen. Das setzte mich derart unter Druck, dass mein Körper rebellierte und ich alles wieder ausgespuckt hätte. Das war mir alles so unangenehm und ich schämte mich derart dafür, dass ich einfach wegblieb. Dann hörtest du immer noch so Sprüche wie »Jetzt iss doch mal was. Du bist doch so dünn!« Ja, das wusste ich doch selbst schon. Und ich wollte ja unbedingt zunehmen. Zählte deswegen jede Kalorie. Ich war richtig besessen davon. Ich kann dir heute noch sagen, welches Lebensmittel wie viele Kalorien hat. Das vergisst man nicht. Ein Mozzarella zum Beispiel. Zweihundertachtzig Kalorien. Fünfundzwanzig Gramm Eiweiß. Ich wollte unbedingt zunehmen und erreichte genau das Gegenteil. Ich isolierte mich dadurch so sehr, dass ich kaum noch unter Leuten war. Es drehte sich nur noch darum, Kalorien zu mir zu nehmen, um nicht zu verhungern. Das Schlimmste war vor dem Fußball. Insbesondere vor den Spielen am Sonntag. Wo du lange unterwegs warst. Dann habe ich mir Bifi, Bananen oder Müsliriegel eingepackt. Alles genau geplant, wann ich was esse. Weil ich für das Spiel ja so viel Energie brauchte. Und da hatte ich selbst auf dem Platz oft Angst, umzukippen, weil ich zu wenig gegessen haben könnte. Es war wirklich geisteskrank. Und wenn ich jetzt darüber schreibe, merke ich, was das mit mir damals gemacht hat. Ich bin so froh, da wieder rausgekommen zu sein. Das hat richtig lange gedauert. Erst mit Beginn der Therapie, als ich neunzehn war und begann, meine Kindheit aufzuarbeiten, wurde es besser. Den größten Fortschritt machte ich dann im Alter von dreiundzwanzig Jahren. Ich begann mit Krafttraining und ging pumpen. Noch immer zählte ich Kalorien. Aber ich nahm endlich zu. Zwölf Kilo im ersten Jahr. Das änderte Vieles und gab mir sehr viel Selbstvertrauen. Bewegung sorgt halt für Hunger. Die hatte ich all die Jahre vorher, mit Ausnahme beim Fußball, vorher vermieden. Total dumm und unwissend. Aber damals eben bittere Wahrheit. Durch das Krafttraining benötigten meine Muskeln Energie. Dadurch bekam ich Hunger. Mir war nicht mehr so schlecht. Und die Aufnahme der Energie durch Lebensmittel wurde fortan gut in meinem Körper angelegt. Über die Jahre vertraute ich meinem Körper mehr und mehr. Ich machte mir immer weniger Gedanken über die Kalorien. Aber doch noch zu viel. Ich verlor auch nie diese Angst, eventuell zu verhungern. Ich nahm mir noch immer Essen für den Notfall mit. Vor allem beim Fußball. Du kannst dir nicht vorstellen, wie das Essen mein Leben dominierte. Erst als ich siebenunddreißig war, verlor ich diese Angst. Vorher lebte ich einundzwanzig Jahre mit ihr. Aber was geschah, dass ich die Angst verlor? Ich begab mich einfach in die Situation, wirklich nichts zu essen. Also ließ ich diese Gefahr einmal zu. Ich stellte mich diesem Dämon einmal. Um zu schauen, was passieren würde. Ob die Gefahr des Verhungerns wirklich real war. Und so fing ich an zu fasten. Das wäre all die Jahre für mich unvorstellbar gewesen. Doch ich war bereit. Weil ich ja immer mehr Mut und Vertrauen entwickelt hatte. Also Fasten. Vier Tage lang. Nach Buchinger.

Dieter Lange überzeugte mich nach unserem Interview, welches du bei Bolzplatzkind TV auf YouTube sehen kannst, es mal auszuprobieren. Und was soll ich sagen, es veränderte mein ganzes Leben. Ich verhungerte weder am ersten noch am zweiten, dritten oder vierten Tag. Es tat so gut, ich gewann Stunde für Stunde mehr Vertrauen. Und so war der Dämon nach vier Tagen besiegt. Weißt du, was mein erster Gedanke war? Ich fragte mich, warum ich das erst jetzt gemacht habe. Warum nicht früher, verdammt. Aber auch hier gilt: Besser spät als nie. Ja und seither dreht sich mein ganzer Tag nicht mehr ums Essen. Das ist so angenehm. Dieser ganze Stress, den ich mir stets machte, war einfach weg. Quasi von heute auf morgen. Hätte ich diese vier Tage mal damals schon investiert. Aber die Angst war damals viel größer als der Mut und das Vertrauen. Und niemand konnte mich bis dahin davon überzeugen. Zu verschlossen war ich diesem Thema gegenüber. Ich startete einen Monat später mit Intervallfasten. Bis heute. Nicht, weil ich abnehmen wollte. Musste ich ja auch gar nicht. Sondern wegen der gesundheitlichen Vorteile. Um diesen Prozess der Autophagie, also die Selbstreinigung des Körpers anzustoßen. Gleichzeitig trainiert das tägliche Warten aufs Essen meine mentale Stärke, Geduld und Disziplin. Unser Körper ist ja auch darauf ausgerichtet, mit Mangel klarzukommen. Er kann in diesen Momenten sogar seine Leistung steigern. Ich konnte durch die erlernte Disziplin beim Fasten auch in vielen anderen Bereichen des Lebens besser werden. Beim Sport zum Beispiel. Und auch bei der Arbeit. Ich hatte vorher schon sehr viel Vertrauen in mich selbst. Aber das war nochmal ein richtig krasser Booster. Von dem ich nie glaubte, dass es ihn wirklich für mich gibt. Es fühlt sich an, als hätte mir jemand eine Platine der Angst aus dem Gehirn entfernt. Ich glaubte vorher schon, frei zu sein. Aber jetzt bin ich wirklich frei.

Was hat mich letztendlich von der Angst befreit? Der Mut, etwas auszuprobieren, das mir gänzlich fremd war. Damit meine ich nicht nur das Fasten. Auch das Krafttraining zeigte mir, dass es Sinn ergibt, zu investieren. Dass Bewegung immer doppelt mit Energie zurückzahlt. Das ist ja genau wie bei den Menschen, die nach einem stressigen Arbeitstag nach Hause kommen und statt Sport zu machen, auf der Couch liegen bleiben. Sie denken, dass der Energieaufwand des Sports sie noch schlapper machen wird. Dabei wirst du nach dem Sport Energie freisetzen. Stress abbauen, Glückshormone ausschütten und deinen Feierabend viel kraftvoller genießen können. Die Energie, die du in deinen Körper reinsteckst, bekommst du mindestens doppelt zurück. Es ist nur entscheidend für dich, ob es gute oder schlechte Energie ist. Fütterst du deinen Kopf mit Ängsten und Zweifeln, können sie sich potenzieren, breit machen und derart verselbständigen, dass es dir genauso geht wie mir damals mit dem Essen. Dass dich diese Angst dominiert und kontrolliert. Dabei sollte es stets das Ziel sein, dass du deine Ängste kontrollierst. Nicht andersrum. Wenn eine Angst dauerhaft anhält, hast du die Kontrolle darüber verloren. Wann immer das Gefühl der Angst entsteht, gibt es ja zwei Optionen. Zuallererst kannst du dich fragen, ob in dem Moment, wo du ängstlich bist, wirklich eine Gefahr besteht. Wenn du beispielsweise dein Gehalt noch nicht auf dem Konto hast. Weil dein Arbeitgeber zu spät dran ist. Und es kann sein, dass du deine Miete nicht rechtzeitig bezahlen kannst. Du befürchtest, dass dein Vermieter dir daraufhin kündigt. Du wirst ohne Wohnung sein. Und dann auf der Straße leben müssen. Kein Witz, das geht in manchen Köpfen wirklich ab. Wenn du dich aber einmal unemotional fragst, ob wirklich eine Gefahr besteht, schwindet diese Angst recht schnell. Weil du erstmal eine Zahlungserinnerung, dann eine Mahnung bekommen würdest und bis dahin ist schon das nächste Gehalt wieder auf dem Konto. Angst ist hier also eine Überreaktion. Sie wurde dir so beigebracht und vorgelebt. Man kann Ängste also im Keim ersticken und verschwinden lassen, wenn man dreimal tief Luft holt und sich fragt, ob hier wirklich eine unmittelbare Gefahr besteht. Wer sich diese Frage in dem Moment der Angst nicht stellen kann, wird von der Emotion dominiert. Oftmals befindet man sich dann auch in einem Trauma. Bedeutet, dass du in der Vergangenheit mal eine ähnliche Situation erlebt hast, in der du keine Antwort, keine Lösung auf dieses Problem, auf diese Angst hattest. Du erlebst ähnliche Situationen dann ziemlich identisch. Weil deinem Gehirn das so bekannt vorkommt und einen Automatismus anschmeißt. Du musst allerdings stets bewerten, ob die Lösung der Situation damals die richtige war. Viele wiederholen Fehler immer wieder oder entwickeln ständig die gleichen Ängste, weil sie nach einer Erregung zwar eine Lösung gefunden, das Ergebnis aber nie analysiert haben. Es kann nämlich sein, dass man ein Problem damals zwar schnell gelöst hat, aber nicht richtig. Man ist bei einem Streit beispielsweise einfach weggerannt. Dann bist du der Situation zwar entkommen, hast die Probleme mit dem Menschen allerdings nicht geklärt. Und wenn du nie erkennst, dass das Weglaufen nicht die beste Lösung war, wirst du es beim nächsten Mal genauso machen. Und so ist es auch mit der Angst. Du musst einmal aus der Emotion heraus und dich vom Ego entfernen. Einmal von außen auf dich und die Situation schauen. Und das geht oftmals schon mit der Regulierung der Atmung. Also wirklich ein paar Mal tief durchatmen, um weg von der flachen Atmung zu kommen. Ein paar Liegestütz oder Kniebeuge, um wieder klar und sachlich denken zu können. Dein Körper und Gehirn zu aktivieren, mit Sauerstoff zu versorgen, um klare Gedanken zu fassen. Und eine rationale Bewertung zu ermöglichen. Das ist ja auch das große Problem der heutigen Zeit, wenn es um die Entstehung von Angst in den Sozialen Medien geht. Wir sitzen oder liegen. während wir uns all diese Nachrichten der Angst und Panik reinziehen. Flache Atmung. Manchmal vergisst man sogar zu atmen, wenn man durchscrollt. Dadurch wirken die Informationen viel intensiver auf dich. Und du entwickelst viel schneller und häufiger Ängste in dir. Du kennst das vielleicht vom Sport. Nach der körperlichen Aktivität sind Nachrichten für dich weniger beängstigend als davor. Oder wenn du allein zuhause im Bett liegst. Mit deinem Handy. Du liest eine beängstigende Nachricht. Im Normalfall tauscht sich der Mensch nun dazu aus. Und die Angst halbiert sich oder schwindet gar. Wenn du die Verarbeitung der Meldung allerdings mit dir selbst ausmachst, kannst du richtige Panik entwickeln. Panik ist ja der Zustand intensivster Angst vor einer tatsächlichen oder angenommenen Bedrohung. Fällt dir ein Beispiel ein, wo das millionenfach vorkam?

Während Corona. Die Meldungen zu dem Virus wurden immer schrecklicher, immer angsteinflößender. Dann kam noch die Kontaktbeschränkung hinzu und die Menschen lebten immer isolierter. So konnte man sich auch zu Ängsten nicht so austauschen, wie es vermutlich vonnöten gewesen wäre, um sie rational einordnen zu können. Hinzu kommt, dass die Möglichkeit der Viralität, und damit meine ich nicht Corona, sondern des Social Webs, Emotionen immer potenziert. Und das ist egal, ob es Wut, Trauer, Freude oder Empörung ist. Die Sozialen Medien sind ein Verstärker. Leider auch von Ängsten. Weißt du, woran man das ganz gut sieht? Wenn man das Corona von 2020 mit der Schweinegrippe 2009 vergleicht. Damals alarmierte ebenfalls die WHO. Und die Generaldirektorin erklärte das H1N1-Virus zur »ersten Influenza-Pandemie des 21. Jahrhunderts«. Die Pharmaindustrie steckte damals ein wenig in der Krise. Es gab keine wirklichen medizinischen Innovationen, welche die Umsätze ansteigen ließen. Und so gelang es, neben zahlreichen anderen, auch die deutsche Regierung davon zu überzeugen, Impfstoffe zu kaufen. Es wurden den Angaben nach 50 Millionen Dosen für 700 Millionen Euro bestellt. Am Ende wurde eine Vielzahl von Impfstoffen vernichtet. Weil die bis dato größte Impfaktion schlechter angenommen wurde als gedacht. Aber warum? Weil Angst und Panik noch keinen Verstärker hatten. 2009 waren die Smartphones noch in ihren Kinderschuhen und penetrierten uns nicht im Minutentakt mit Angst erregenden Nachrichten. Facebook hatte noch nicht die Kraft, die es heute besitzt. Instagram und TikTok gab es noch nicht einmal. Man hat Ängste also noch rational bewertet. Man nahm sich Zeit, um Situationen zu bewerten. Die wenigen Menschen, die tatsächlich panische Angst vor dem Virus hatten, fanden kaum Gehör. Sie konnten sich im Netz noch nicht so gut finden und zusammentun wie heute. In den Sozialen Medien von heute können Minderheiten brutal laut sein. Und den Eindruck erwecken, dass sie in der Mehrheit sind. Das ging 2009 noch nicht. Und so lebte man viel rationaler. Viel näher an der Realität. Und damals entschied der Großteil des Volkes einfach, dass das Virus nicht so gefährlich sei, als dass man sich impfen lassen müsste oder gar die Kontakte einschränken sollte. Und damit war das Thema durch. Heute haben aber nicht nur Einzelpersonen, sondern vor allem die Medienunternehmen großen Einfluss auf die Steuerung von Informationen im Social Web und den daraus erzeugten Ängsten. Weil man sich durch die zunehmende Digitalisierung immer weiter von der natürlichen Kommunikation entfernt, kommt es dadurch auch vermehrt zu Störungen bei der Interaktion zwischen Sender und Empfänger. Dadurch, dass teilweise Gestik, Mimik und Stimme fehlen, aber auch zeitversetzte Kommunikation stattfindet, verschieben sich Realitäten. Und verschobene Realitäten erzeugen Ängste. Man weiß plötzlich nicht mehr, was wahr ist. Geht aber vom Schlimmsten aus. Ist ja wie bei dieser typischen Kennenlernphase zwischen Mann und Frau. Sie schreibt ihm etwas bei WhatsApp. Er antwortet nicht. Was tausend Gründe haben kann. Sie beginnt zu zweifeln. Hat Angst, etwas falsch formuliert zu haben. Oder vielleicht findet er sie doch nicht gut? Am Ende war einfach nur sein Akku leer und er meldet sich bei ihr erst nach ein paar Stunden. Obwohl alles gut war. Die digitale Kommunikation erzeugt also schneller Ängste als die natürliche. Die natürliche Kommunikation schenkt immer mehr Vertrauen. In der digitalen fehlen die Details. Und sie schafft

Erwartungen. Letztendlich führt die digitale Kommunikation meiner Meinung nach zu irrationaleren Bewertungen, weil Informationen fehlen, die Angst erzeugen. Außerdem kann die Frequenz der Nachrichten und den damit verbundenen Schreckensmeldungen von den Medienschaffenden derart erhöht werden, dass manche Menschen gar nicht mehr aus diesem Alarmmodus herauskommen. Sie sind dauererregt. Und damit meine ich nicht durch Pornos. Sondern durch die Hiobsbotschaften des Weltgeschehens. Hinzu kommt ja auch, dass heutzutage alles gefilmt und unmittelbar weitergesendet und vervielfältigt werden kann. Kurzum: Das Potenzial, Angst in Menschen auszulösen, hat sich durch die Digitalisierung unfassbar erhöht.

Nun erzählte ich dir ja, dass es eine Möglichkeit ist, Angst gar nicht erst zu füttern, weil du sie einfach durch die Fragestellung nach der tatsächlichen Gefahr als überflüssig einordnest. Und so kannst du sie bereits im Keim ersticken. Die andere Möglichkeit, Angst zu verlieren, ist durch sie hindurchzugehen. Der Weg aus der Angst heraus führt immer durch die Angst hindurch. Hast du Angst vor einem Telefonat, rufe einfach an. Und verliere die Angst vor dem Prozess, indem du den Prozess einfach startest. Je länger du wartest, desto größer wird der Dämon. Desto größer sind all die Konsequenzen, die du dir ausmalst. Ich habe mich 2021 mal bewusst ein paar Ängsten gestellt. Im Freizeitpark. Ich habe unfassbar große Angst vor Achterbahnen. Weil ich der Technik einfach nicht vertraue. Natürlich bin ich doch derjenige, der gerade drinsitzt, wenn dieses eine Mal etwas schiefgeht. Naja, und so bin ich in den Colossos gestiegen. Ich glaube, es ist Europas größte Holzachterbahn. Im Heide

Park Soltau. Dreiundfünfzig Meter hoch und knapp anderthalb Kilometer lang. Ich war mit einem Kumpel dort. Es war wegen Corona noch recht leer, der Park eröffnete an diesem Tag erstmals wieder mit einigen Beschränkungen. Somit hatte ich das Glück, an der Schlange nicht allzu lange warten zu müssen. Und dennoch war jede Sekunde viel zu lang, nachdem ich mich ernsthaft entschieden habe, mit diesem Teil zu fahren. Dann fahren die Züge ja gleich zu Beginn ganz langsam, aber steil nach oben. Du wirst es mir nicht glauben, aber auf diesem Weg schloss ich mit meinem Leben ab. Ich stellte mich darauf ein, dass es gleich vorbei ist und ich sterben werde. Ich wollte nur noch raus. Weil ich mir sicher war, gleich in den Tod zu stürzen. Ich redete mir und meinem Kumpel noch gut zu. Er hatte genauso viel Angst. Vielleicht nicht die beste Kombi. Dann waren wir nach gefühlten fünf Minuten oben auf dem Peak. Dreiundfünfzig Meter auf einer wackeligen Holzachterbahn. Und dann kommt diese Gewissheit. Jetzt stürzt du gleich in die Tiefe. Im Moment des Falles ist es gar nicht mehr ganz so schlimm. Da lässt du einfach alles nur noch über dich ergehen und funktionierst. Aber diese Zeit davor ist so grausam. Wenn du Zeit hast, dir Gedanken zu machen. Wenn du den Dämon kreierst. Das Horrorszenario skizzierst. Ich habe die Fahrt überraschenderweise überlebt. Kurz vor dem Ende wurde es nochmal eklig. Wenn du denkst, alles ist vorbei und überstanden, hat der Betreiber sich eine besondere Überraschung einfallen lassen. Nämlich eine optische Täuschung. Du glaubst, dass die Bahn kaputt und unterbrochen ist. Du gleich entgleisen wirst. Das war der Wahnsinn. Doch die Angst entwickelt sich nur ganz kurz. Weil es eben eine

Überraschung war. Aber ich dachte echt, dass die mich verarschen wollten. Alles überstanden und dann der Tod am Ende? Geisteskrank. Danach war ich mit meinem Kumpel noch in vier weiteren Fahrgeschäften, die einen sogenannten *Thrill* haben. Ich wollte es wirklich wissen und es mir an diesem Tag unbedingt beweisen. Mich den Ängsten stellen. Abends lag ich dann im Bett und war fix und fertig. Ich wiederholte im Kopf nochmal die Fahrten und erlebte die Angst gleichermaßen nach. Bis ich eingeschlafen war. Warum erzähle ich dir das? Weil es sich im Alltag mit Ängsten ähnlich verhält. Je mehr Zeit man hat, über die möglichen Konsequenzen nachzudenken, desto größer wird die Angst. Und meine Lösung im Leben ist es geworden, nicht mehr so viel darüber nachzudenken. Denn in der Warteschlange der Achterbahn besteht noch keine Gefahr. Man kann sich einfach mit anderen Dingen beschäftigen. Lebst du denn eigentlich noch den Moment, wenn du schon jetzt an eine mögliche Gefahr von später denkst? Sie kann dein Leben noch nicht bedrohen. Also sollte sie auch noch keine Rolle spielen. Es ist genauso mit dem Essen. Mein Vater malte, als ich klein war, oft dieses Schreckensszenario, dass man morgen vielleicht nichts mehr zu essen hat. Und selbst wenn, was ändert es an dem Essen von heute. Warum sollte man es weniger genießen. Im Gegenteil. Es schmeckt heute sogar besser, wenn man nicht weiß, ob man morgen was hat. Man schätzt viel mehr wert. Der Fokus für den Moment ist so wichtig. Und anstatt den Dämon der Angst immer mehr zu füttern, sollte man sich von der Energie des Moments ernähren. Vom Lachen des Gegenübers. Vom Vertrauen, dass am Ende sowieso alles gut wird und einen Sinn hat. Dass die Angst nur eine Prüfung ist, ob du genügend

Mut hast. Denn das werden die stärksten Menschen. Nicht jene, die gar keine Angst mehr spüren. Sondern jene, die durch die Ängste hindurchgehen. Jene, die Mut aufbringen. Und dadurch lernen. Den Mutigen gehört die Welt. So heißt es. Und so ist es auch. Wem Mut fehlt oder wer den Konsequenzen eines Handelns ausweicht, den nennt man feige. Sich von Angst und Furcht im Leben bestimmen zu lassen, kann nicht unser Ziel sein. Natürlich gibt es Situationen im Leben, wo es schlau ist, auf die Angst als Signal zu hören. Wenn du mit zehn fremden Menschen in freier Wildbahn vor einem Tiger stehst. Und du unbedingt überlegen willst. Dann macht es Sinn, zu laufen. Du musst nicht der Schnellste von allen sein. Aber zumindest unter den ersten neun. Das reicht. Er wird sich nur einen schnappen. Hier kann dich die Angst vor dem Tod bewahren. Was für ein Geschenk des Lebens. Was für eine Superkraft. In dieser Situation durch die Angst hindurchzugehen, kann dich zum Helden machen. Vielleicht gewinnst du den Kampf gegen den Tiger und rettest dadurch einem Menschen das Leben. Du kannst dabei aber auch selbst draufgehen. Mit Glück überleben alle. Aber wie wahrscheinlich ist das? Da musst du halt abwägen, was dir wichtiger ist. So oder so ist es wichtig, dass du deine Angst kontrollierst. Und sie nicht dich. Überleg mal, was du alles im Leben nicht gesehen und verpasst hättest, wärst du nicht mutig gewesen. Hätte die Angst, in ein Flugzeug zu steigen, gewonnen. Du hättest vermutlich keines all dieser Länder bereist, die dich so bereichert haben im Leben. All die Kulturen und Menschen nicht kennengelernt. Wärst du nicht mutig gewesen, hättest du zahlreiche Dates verpasst. Und die daraus resultierenden schönen Stunden der Zweisamkeit. Wärst du nicht mutig gewesen, hättest du nie irgendwo angefangen, zu arbeiten. Wärst nie zum Bewerbungsgespräch gegangen. Für Mut brauchst du aber auch Überzeugung. Dass du der Situation gewachsen bist. Oder aber du brauchst Vertrauen. Dass auch das Scheitern dich nach vorne bringt. Mut heißt immer Siegen oder Lernen. Zumindest dann, wenn du vertraust, dass das Universum und das Leben es immer gut mit dir meint.

Zusammenfassung und Aufgaben:

- Angst verringert, Mut erweitert deinen Horizont. Wer sich von der Angst dominieren lässt, der verpasst sein Leben. Lerne, dass du deine Ängste kontrollierst und leitest. Angst zu empfinden, ist ganz natürlich. Sie bewahrt dich so manches Mal vor dem Tode. Doch du allein entscheidest, mit all deiner heutigen Kraft, in welche Bahnen du sie leitest.

- Überprüfe stets, ob beim Gefühl der Angst wirklich eine Gefahr besteht. Wenn in dem Moment keine akute Bedrohung existiert, hinterfrage, wie sinnvoll es ist, ängstlich zu sein. Es ist irrational und Energieverschwendung, sich bereits Tage und Stunden vor einer Gefahr in den Zustand der Angst zu versetzen. Beziehungsweise sie im Keim zu bewässern. Oftmals malt man sich den Dämon der Konsequenzen dadurch viel größer, als er am Ende tatsächlich ist.

- Der Weg aus der Angst heraus geht durch die Angst hindurch. Und den Mutigen gehört die Welt. Die wirklich großen Dinge im Leben passierten stets, wenn man ein Risiko eingegangen ist. Wenn man die Angst spürte, etwas verlieren zu können. Wenn du darauf vertraust, dass am Ende alles gut wird, dann bist du bereit für den Mut, den du aufbringen musst, um deinen Horizont zu erweitern. Nur die ängstlichen und feigen Menschen hören auf, zu leben. Oder fangen nie an. Doch es ist nie zu spät, Ängste zu besiegen. Sie sind ein ganzes Leben lang für dich da, um einmal besiegt zu werden.

- Wie steht dein Rival zu Ängsten? Er besiegt sie alle. Es ist nicht so, dass er keine mehr fühlt. Das wäre unmenschlich. Aber er schaut schon genau hin, ob eine Angst gerade wirklich berechtigt und Gefahr im Verzug ist, oder eben nicht. Er betrachtet sich und die Situation dann oft einfach von außen, entfernt sich von seinem Ego und der Emotion, um rational bewerten zu können. Einfach mal tief durchatmen, ein paar Liegestütz machen und einen klaren Kopf bekommen. Ja und wenn er dann doch Ängste spürt, dann bringt dein Gegenspieler allen Mut auf, um das Risiko einzugehen. Dein Rival weiß, dass es ein täglicher Kampf ist, Ängste zu besiegen. Aber er verschiebt eben auch seine Grenzen. Er bleibt nicht in Traumata der Angst stecken. Das Angstempfinden verschiebt sich für ihn, wenn er sich gefährlichen Situationen bereits ausgesetzt hat.

- Was macht dir Angst im Leben? Bitte schreibe einmal wirklich alles auf, was dir einfällt. Und dann überlege dir einmal bei jedem Punkt, ob er dir heute eine Gefahr bereitet. Und ob er dir morgen eine Gefahr bereitet. Vielleicht kannst du eine Skala erstellen. Von eins bis zehn bewerten. Wie hoch das Gefahrenpotenzial für dein Leib und Leben ist. Ich bin mir sicher, dass du damit schon einige Ängste in deinem Leben kleiner machen oder verschwinden lassen kannst.

- Erinnerst du dich an drei Situationen im Leben, in denen du erst unfassbare Angst verspürtest, doch durch die Angst hindurch bist, sie dann verloren hast und unglaublich glücklich darüber warst, so mutig gewesen zu sein? Schreibe die drei Situationen mal bitte auf.

Die große Kunst des Neinsagens.

Ein Nein ist ein Nein. So einfach könnte es sein im Leben. »Nein« ist übrigens ein Erbwort und gehört zum ältesten Bestand des deutschen Wortschatzes. Welch Wunder. Es klingt in seinen verwandten indogermanischen Sprachen lautlich oft sehr ähnlich. Das Wort »nain« findet man bereits im Althochdeutschen vor dem 9. Jahrhundert. Auch damals galt es vermutlich schon als ein vollständiger Satz. Ein so kurzes Wort, diese vier Buchstaben, die du so manches Mal doch schwerlich über die Lippen bekommst. Oder? Weil sie so mächtig sein können. So hart. So verletzend. So verändernd. Und doch so wichtig sind. So hilfreich. So klärend. So richtungsweisend. So befreiend.

Früher konnte ich selten Nein sagen. Ich bin ja so groß geworden, wenig auf mich und meine Bedürfnisse zu achten, sondern eher auf andere Rücksicht zu nehmen und es ihnen recht zu machen. Dadurch sagte ich in jungen Jahren viel häufiger Ja als Nein. Das ist ja im Grunde erstmal nichts Schlechtes. Aber ich meine in Situationen, wo ich eigentlich lieber Nein sagen wollte. Und dann ist das nicht gut. Gehen wir doch mal direkt in die Praxis und schauen uns ein Beispiel an. Du gehst durch die Innenstadt. Muss nicht meine Heimatstadt Hamburg sein. Passiert auch anderswo. Und dann hörst du plötzlich diesen nervigen Satz »Einmal stehen geblieben, der Herr!« Mal unabhängig davon, dass ich mich jedes Mal frage, welcher Coach ihnen diesen unfassbar schlechten First Touch-Spruch beibringt, musst du nun sofort entscheiden. Wie reagierst du? Ich sage meistens »Nein, danke« und lächle dabei. Ich habe im Laufe meines

Lebens gelernt, dass ein Nein mit Lächeln viel nachhaltiger ist, als wenn man dabei böse schaut. Aber dazu später mehr. Es gibt jedoch auch Tage, an denen ich auf blöde Fragen auch blöde Antworten gebe. Einfach, weil ich dann Lust auf eine rhetorische Competition habe. Und wenn jemand besonders nett oder kreativ auf mich zukommt, einfach sympathisch ist, rede ich natürlich auch mal gerne mit dieser Person. Meistens, weil wir beide dann ehrlich zueinander sind. Er oder sie fragt mich ehrlich, ich antworte ehrlich. Das Eis ist gebrochen und dann gibt es einfach einen kurzen, netten Austausch.

Früher bin ich bei solchen Straßenansprachen wirklich oft und dann auch länger stehen geblieben. Habe mich in ein Gespräch verwickeln lassen und kam meist nicht mehr raus, weil ich nicht unhöflich sein wollte. Und nicht mehr Nein sagen konnte. Wie viel Zeit habe ich in meinem Leben geopfert, um andere nicht zu enttäuschen. Ohne dass ich irgendeinen Mehrwert davon hatte. Wahnsinn. Viele haben ein schlechtes Gewissen, wenn sie sich für solche Verkaufsgespräche auf der Straße keine Zeit nehmen. Weil oftmals ein »guter Zweck« dahintersteckt. Aber am Ende geht es eben um deine Zeit, um dein Geld und um deine Energie. Du allein entscheidest, in wen du sie investierst. Und wer sie verdient hat, weil er sie auch wertschätzt. Du musst nicht ein weiteres Projekt unterstützen, nur weil dich jemand darum bittet. Ich habe diese Herausforderung seit Jahren bei meiner Arbeit mit Bolzplatzkind. Fast täglich bekomme ich Anfragen. Ob bei Instagram oder per Mail. Hast du nicht hier kostenlose Produkte für unsere Tombola oder kannst du dort nicht unsere Spendenaktion einmal teilen.

Anfangs war ich da wirklich in einem großen Kampf zwischen meinem Energiehaushaltssystem und meinem großen Herzen, das ich habe. Doch ich musste für mich und andere klare Grenzen ziehen. Denn sonst würde ich einfach nicht effizient arbeiten und den ganzen Tag damit verbringen, den Wünschen anderer nachzukommen. Ich habe mich für einige wenige soziale Projekte entschieden, die ich dauerhaft unterstütze. Und dabei bleibt es meistens auch. Hier und da supporte ich punktuell auch mal Neues. Natürlich. Aber oftmals muss ich prinzipiell einfach Nein sagen. Was dann überhaupt nicht wertend gemeint und einfach nur dem Energiehaushalt geschuldet ist. Für denjenigen, der anfragt und eine Absage bekommt, wirkt das dann oft unfreundlich oder arrogant. Oder was auch immer. Und darin liegt eben die Kunst des Neinsagens. Genau das in Kauf zu nehmen. Dass andere auch schlecht über dich denken. Oder reden. Oder was auch immer. Aber dass dir das dann einfach egaler ist als deine Energie. Dies ist der Schlüssel zum Erfolg. Da drüber stehen zu können, weil du weißt, dass du ein guter Menschen bist und schon viele gute Dinge tust und unterstützt, aber eben auch deine Grenzen hast. Was das monetäre oder energetische Invest anbelangt. Wie eben schon kurz angesprochen, geht es mir dabei oft auch um die Ehrlichkeit. Viele versuchen dich mit irgendeinem Vorwand in ein Gespräch zu verwickeln, täuschen dich anfangs, kommen nicht zum Punkt. Das nervt mich alles. Weil sie mir damit Zeit rauben. Ich bin da sehr radikal. Und sage den Leuten das auch. Manche trauen mich deshalb schon gar nicht mehr anzusprechen, weil ich genau diese Energie ausstrahle. Dass sie mich nicht verarschen können oder ein Gespräch durchaus herausfordernd sein kann für sie. Weil ich eben das sage, was ich denke. Und dem sind viele nicht gewachsen. Aber ich bin auch stolz darauf, mir das erarbeitet zu haben. Denn dorthin war es ein langer Weg. Ein Weg, der oft von Angst geprägt war, Nein zu sagen. Aber auch von Mut, durch diese Angst hindurchzugehen. Meine Bedürfnisse zu erkennen, sie zu schützen und zu verteidigen. Das geht oft nur mit klaren Worten und Ansagen. Um einem Nein auch Deutlichkeit zu verpassen. Auf manche wirkt das zu dominant oder arrogant. Gar unsympathisch. Aber das ist dann so. Es geht um deine Energie. Nicht um die Befindlichkeiten anderer. Dadurch ist man auch kein schlechter Mensch. Im Gegenteil. Wer mich kennt oder ehrlich und sympathisch anspricht, der weiß, dass ich gerne mit den Menschen rede. Respektvoll und auf Augenhöhe. Späße machen, aber in der nächsten Sekunde auch sehr tiefgründig sprechen kann. Sodass sie manches mal gar nicht gehen wollen.

Und was ganz wichtig ist, dass mein Nein nicht immer etwas mit dir zu tun haben muss. So viele Menschen nehmen ein Nein persönlich. Und fühlen sich dann beleidigt. Ich möchte dir da mal ein Gegenbeispiel nennen. Ich habe einen sehr guten Kumpel. Manchmal ruft einer von uns den anderen an. Der andere schreibt dann einfach »Keinen Bock, grad zu sprechen!« Zack. Ein klares Nein. Ich nehme das nie persönlich. Sondern verstehe seine Situation. Um nicht jedes Nein persönlich zu nehmen, muss man empathisch sein. Sich in die Lage des anderen versetzen können. Und ich möchte manchmal auch nicht reden. Deswegen kann ich das Verständnis für andere aufbringen. Ich weiß, dass es nichts mit mir zu tun hat, sondern mit dem Energielevel des anderen. Er ist einfach nur kaputt vom Tag, gestresst, hat vielleicht schon viele Gespräche geführt, die sehr lang und kraftraubend waren. Auf die er keine Lust hatte. Und dann will man manchmal einfach seine Ruhe haben. Das sollte man auch respektieren. Und sich selbst nicht zu wichtig nehmen, indem man den Grund ständig bei sich selbst sucht.

Doch es gibt allerdings nach wie vor noch Situationen, in denen es auch für mich schwierig ist, ganz klar Nein zu sagen. Und ich denke, dass diese Momente auch niemals wirklich aus dem Leben verschwinden werden. Man ist kein Roboter, sondern eben ein Mensch mit Empathie und Manieren. Und dann kommt man doch immer wieder in diese Situationen. Kennt ihr das aus dem Büro? Ich meine, es ist klar, dass es auf der Arbeit oft Zweckgemeinschaften sind, die man bildet. Vereinzelt findet man auch echte Freunde fürs Leben. Doch mit vielen der Kollegen hat man ein ganz normales Arbeitsverhältnis. Das darauf basiert, nett miteinander umzugehen, vernünftig und sachlich zu kommunizieren. Natürlich auch mal Smalltalk zu betreiben. Auch ehrlichen. Aber man bleibt auf beruflicher Ebene. Und sobald der Arbeitstag beendet ist, geht man getrennte Wege. Teilweise schon zur Bahn, spätestens aber im Feierabend. Und dann ist da dieser eine Kollege. Dem du Tschüs sagst. Vielleicht noch eine höfliche Alibifrage stellst, mindestens aber einen schönen Abend wünschst. Und dann fängt er plötzlich an. Redet und redet und redet. Kein Dialog, sondern ein Monolog. Und normalerweise gibt es für solche Momente ja Phrasen wie »Naja gut, ich muss dann auch mal los«. Die manche Menschen aber gar nicht hören. Oder hören wollen. Sie ignorieren all die Zeichen, dass du eigentlich »Nein« zu dem Gespräch sagst. Und je mehr Signale du sendest, bitte gehen zu können, desto mehr texten sie dich zu. Man ist ja eben kein Roboter, sondern Mensch. Und so geht man anfangs noch auf das ein oder andere ein, weil du merkst, dass der andere vielleicht wirklich gerade etwas loswerden möchte. Und man wird ja auch künftig noch Zeit mit dieser Person verbringen, sodass man eben auch nachhaltig mit dieser Beziehung umgehen muss. Aber man muss nach Feierabend auch nicht zum Seelenmülleimer anderer werden. Und deshalb ist es wichtig, in diesen Situationen klare Grenzen zu ziehen. Ich kann das sehr gut, doch auch ich werde manchmal schwach. Du bist kein Psychiater, der sich die Geschichten oder das Seelenunheil von Menschen anhören muss, die dir nichts bedeuten. Denn du bekommst ja kein Geld dafür. Das ist deine freie Zeit, die in diesen Momenten beansprucht wird. Von einem Menschen, der gerade nur an sich denkt. Ich finde das teilweise sehr respektlos, wie mit deiner Zeit umgegangen wird. Weil jemand gerade nur jemanden sucht, um Probleme woanders abzuladen. Wenn du dir sowas den ganzen Tag geben musst, kannst du am Abend richtig leer sein. Und verdammt viel Zeit verloren haben. Zeit, die dir niemand wieder zurückgibt. Und was hat der Arbeitskollege dir dafür gegeben? Wenn du mal was erzählen möchtest, fällt er dir sofort ins Wort und redet wieder von seinen Sorgen. Es ist am Ende meist kein wirklicher Dialog, aus dem auch du für dich einen Mehrwert ziehen kannst. Dieser Mensch ist einfach nur sehr einsam und greift nach jedem Ventil, wo er etwas aus seinem Leben loswerden kann. Und das sind meistens keine interessanten, inspirierenden oder aufregenden Geschichten. Sondern immer weinerliches Leid, das beklagt wird. Immer negativ. Deswegen bist du danach auch so kaputt, wenn du dir das zu lange anhörst. Und ein Nein zu diesen Gesprächen bedeutet auch ein Ja zu dir. Ein Ja zu deiner Energie, die du schützen möchtest. Und wann immer du Nein zu dem einen sagst, heißt es eben auch Ja zu etwas anderem. Diese Denkweise hilft dabei, leichter Nein sagen zu können. Denn du hast ja einen Grund. Es ist kein wahlloses Nein, um den anderen zu ärgern. Es ist ein Nein, um dich zu schützen.

Nun ist es ganz natürlich, dass Menschen sich Dinge einfallen lassen, wie sie solche Situationen umgehen können. Sie machen entweder ein paar Minuten früher oder später als der Kollege Feierabend. Damit sie mit ihm nicht zur Bahn gehen müssen. Oder warten den Moment ab, wo er auf die Toilette geht oder ans Telefon muss. Man kann richtige Strategien entwickeln. Ein Kumpel von mir hat oft seine Kopfhörer in die Ohren gesteckt und dann so getan, als würde er mit jemandem in seiner Muttersprache telefonieren. Er ist kein Deutscher. So konnte er ungehindert an diesem einen Kollegen vorbei, ohne noch in ein längeres Gespräch verwickelt zu werden. Clever. Du siehst, man lässt sich tausende Sachen einfallen, um manchen Dingen oder Menschen aus dem Weg zu gehen. Eigentlich aber, um einem Nein aus dem Weg zu gehen. Und das kostet ja auch wiederum Zeit und Energie. Nur weil man nicht ehrlich ist und einfach sagt: »Du, mich interessiert dein Scheiß absolut nicht und bitte such dir einen Psychiater, den du damit volllabern kannst!« Natürlich sagt man das nicht so. Weil man eben noch Manieren hat. Aber es wäre nicht einmal respektlos, weil derjenige ja auch deine Zeit raubt. Auf respektlose Art und Weise. Doch man kann schon klar und deutlich sagen, dass man keine Zeit hat. Man muss dabei nicht einmal lügen. Wenn du sagst »Ich muss jetzt wirklich los!« und dann einfach gehst, ist das ja nicht einmal gelogen. Dann sagst du noch »Tschüs« und den Namen der Person, gehst aus der Tür. Egal, ob der andere noch redet oder nicht. Dann warst du höflich, hast dich klar und deutlich mitgeteilt und kannst reinen Gewissens das Gespräch verlassen.

Man muss da manchmal einfach hart und konsequent sein. Das Problem ist dadurch jedoch oft nur temporär gelöst. Denn der andere glaubt wirklich in dem Moment, dass du eigentlich an seinen Geschichten interessiert bist, nur gerade keine Zeit dafür hast. Es würde dir also nachhaltig eher weiterhelfen, wenn du den wahren Grund nennst, warum du dich nicht mit ihm unterhalten möchtest. Beziehungsweise nicht willst, dass er sich mit dir unterhält. Denn es ist ja ein Monolog seinerseits. Ich habe sowas schon ein paar Mal gemacht. Wirklich Klartext gesprochen. Das ist nicht einfach, aber es packt das Problem an der Wurzel. Du kannst dann beispielsweise fragen, wenn du gerade auch einmal antwortest in diesem »Gespräch« und der andere dich wieder einfach unterbricht und fortfährt, ob ich auch sprechen darf, oder dies ein Monolog sei. Du glaubst nicht, wie perplex die meisten dann sind. Wenn du das noch mit einem Lächeln machst, kann das Wunder bewirken. Und das Problem im Kern lösen. Denn nächstes Mal achtet derjenige darauf im

Optimalfall. Oder weiß zumindest, dass er bei dir auf Widerstand trifft. Und sucht sich vielleicht ein anderes »Opfer«. Bei dem er seine Geschichten besser platzieren kann.

Ein Phänomen der Menschen ist ja auch, dass sie bei einem Nein eine Erklärung erwarten. Also von einer Begründung ausgehen. Dabei ist ein *Nein* eben ein vollständiger Satz. Ich verneine, dass ich irgendwo hinkomme, beispielsweise. Und weil viele mit einem Ja rechnen und dieses sogar erwarten, möchten sie nun die Erklärung für ein Nein. Ich denke, dass dies zwei Gründe hat. Einmal die Angst und Unsicherheit, es könnte persönlich gemeint sein. Also derjenige lehnt einen vielleicht ab. Oder aber, man versucht den »Absager« oder »Verneiner« umzustimmen, indem man sich seine Gründe anhört, aber mit Argumenten kommt, um ihn vom Jasagen zu überzeugen. Natürlich bist du niemandem eine Rechenschaft schuldig, warum du Nein sagst. Wenn du jedoch eine ernsthafte Beziehung zu jemandem aufbauen möchtest, solltest du ihm manches Mal schon erklären, warum du etwas absagst oder verneinst. Spätestens, wenn er dich nach dem Warum fragt. In einer gesunden Beziehung wird er dich und dein Argument auch verstehen. Aber genau darum geht es einem dann auch oft, dass man Verständnis aufbringen und die Absage nachvollziehen kann. Manches Mal schafft ein Nachfragen sogar Missverständnisse aus dem Weg. Manchmal sagt einer Nein, weil man aneinander vorbeigeredet hat. Und die genauere Nachfrage nach dem Warum führt am Ende doch zu einem Ja.

Aber das ist eh ein spannendes Thema. Wenn aus dem Nein ein Ja wird. Natürlich sollte man ein Nein prinzipiell erstmal respektieren und tolerieren. Doch natürlich steht es jedem Menschen auch frei, einen anderen vom Ja zu überzeugen. Nicht mit Gewalt, weder physisch noch psychisch. Das ist ein No-Go. Aber eben mit Argumenten. Wie viele Business-Deals wären mir durch die Lappen gegangen, hätte ich das erste Nein direkt akzeptiert. Und auch einige schöne Abende mit Frauen. Die anfangs wirklich überzeugt waren, nicht mit mir nach Hause gehen zu wollen. Aber Menschen sind eben Menschen. Und es ist auch in Ordnung, seine Meinung zu ändern. Das ist nichts Verwerfliches. Außer, du hast eben Grundprinzipien. Und wirst, vor allem wiederholt, einfach schwach. Dann solltest du an deiner Widerstandskraft arbeiten. Oder anfangs vielleicht nicht direkt Nein sagen. Bei Frauen stellte ich allerdings auch fest, dass es oft ein Spiel ist. Um zu sehen, wie viel der Mann bereit ist, zu investieren. Um aus dem Nein ein Ja zu machen. Frauen sind ja nicht doof. Und sie machen es oft auch unbewusst. Im Business ist das anfangs meistens eher wirkliches Desinteresse und der Schutzmechanismus für Zeit und Energie. Unternehmen oder potenzielle Geschäftspartner sagen einfach erstmal Nein, weil sie denken, dass sie eh wieder nur irgendeinen Schrott angedreht bekommen. Also kommt direkt erstmal ein pauschales Nein. Und dann entscheiden deine Fragen darüber, ob es dabei bleibt oder nicht. Die sogenannte Einwandbehandlung, die sich viele antrainieren lassen. Mit typischen Phrasen, die dann oft auch auswendig gelernt wirken und angewandt werden. Ich höre das immer sofort raus. Habe ja selbst mal im Callcenter gearbeitet. Furchtbar. Geh doch bitte einfach individuell auf mich ein. Mach ein Gespräch daraus. Und leg keine Schallplatte auf, die du einfach nur abspielst. Dein Gegenüber merkt das immer. Versprochen. Mit guten Argumenten, viel Empathie und Überzeugungskraft kannst du aber fast jeden umstimmen. Egal, ob Mann oder Frau. Business oder Date. Du verkaufst am Ende immer dich selbst. Und jeder ist irgendwie käuflich. Und damit meine ich gar nicht das Geld. Aber du kannst Menschen für dich gewinnen. Deswegen sollte man nicht bei jedem Nein direkt aufgeben. Immer fair und menschlich bleiben, aber nie aufgeben. Ein Nein kann nämlich auch tagesformabhängig sein. Oder unter Zeitdruck rausrutschen. Manchmal ändern sich auch einfach die Lebenssituationen von Menschen.

Ich habe vor ein paar Jahren eine Frau gefragt, ob wir uns nicht mal daten und an die Ostsee fahren wollen. Sie sagte ab, weil sie mit ihrem angehenden Freund in den Urlaub flog. Anderthalb Wochen später schrieb sie mir: »Steht das Angebot noch?« Wir fuhren an die Ostsee, verbrachten einige schöne Tage und Nächte. Aus dem Nein wurde ein Ja, weil sich ihre Umstände änderten. Ein Nein ist immer dynamisch. Eigentlich klingt das auch unfair, oder? Man möchte, dass andere das eigene Nein direkt akzeptieren. Andere hingegen versucht man teilweise penetrant von etwas zu überzeugen. Aber das ist das Leben. Es ist ein ständiger Kampf zwischen deinen Interessen und jenen der anderen. So muss jeder gleichzeitig seine Energie schützen, aber auch seine Interessen woanders durchsetzen. Und wenn du gut bist, erkennst du, was du sagen musst, um andere vom

Nein zum Ja zu bekommen. Weil du weißt, welche Argumente einen selbst überzeugen, wenn man sich umentscheidet.

Das Neinsagen macht dich frei. Es befreit dich vom Müssen. Und kann so viel Energie sparen. Insbesondere, wenn du deine Werte und Prinzipien hochhältst und verteidigst, wird das Neinsagen auch als etwas Positives gesehen. Hater nennen es dann sturköpfig, reaktionär oder stolz. Es ist auch völlig egal, wie andere es beschreiben. Du weißt, warum du Nein sagst. Du stehst zu deinem Nein. Und kannst es auch ausdauernd verteidigen. Wenn dir die Entscheidung dahinter wirklich wichtig ist. Und ein Nein kann immer nonverbal unterstützt werden. Wenn du dabei lachst, ist das sehr souverän, etwas milder und sorgt meistens für weniger Zündstoff im Nachgang. Es gibt allerdings auch Momente, in denen ein Lächeln zu wenig ist. Wenn ein Mann draußen eine Frau belästigt, obwohl sie ihn offensichtlich abgelehnt hat. Dann gehe ich dort mit einer gewissen Energie und Ernsthaftigkeit hin und sage ihm mit einem bösen Blick, dass sie Nein gesagt hat und er sie jetzt besser in Ruhe lässt. Manchmal braucht ein Nein auch das Unmissverständliche. Und manchmal braucht es einfach das Sympathische. Das Mildere. Das Verständnisvollere. Bei fremden Kindern zum Beispiel. Denen sagst du natürlich anders Nein, weil sie viel unbewusster fragen. Weniger wissen. Und weil du vor allem weißt, dass sie etwas Gutes im Schilde führen. Auch, wenn du mit ihren Angeboten vielleicht gar nichts anfangen kannst. Wobei ich da halt oft Ja sage, obwohl ich eigentlich Nein sagen würde. Kennt ihr das, wenn Kinder auf der Straße irgendeinen Scheiß verkaufen? Alte

Spielzeugautos oder selbstgemachte Kerzen? Ich kaufe da immer was. Weil ich weiß, was den Kindern das bedeutet. Sie werden sich das fürs Leben merken und sich motivieren, zukünftig wieder auf Menschen zuzugehen und etwas zu verkaufen. Sie sollten hier nicht auf Ablehnung stoßen. Sondern Support erhalten. Einen Obdachlosen kannst du damit nicht mehr positiv prägen. Denn er will ja meistens gar nicht lernen, sondern sich lieber selbst bemitleiden. No Hate gegenüber den Jungs und Mädels auf der Straße. Aber es ist nun mal so, dass hier in Deutschland niemand auf der Straße leben muss. Sie haben alle meistens krasse Schicksale erlebt. Ich weiß das. Doch auch zu ihnen sage ich oft Nein. Weil ich mit einem Ja auch stets ihr Leid füttern würde. Und das ist nicht mein Ansatz, ihnen zu helfen. Sie freuen sich zwar oft auch, wenn ich ehrlich mit ihnen rede. Aber am Ende wollen sie einfach nur schnelles Geld für den nächsten Schuss oder das nächste Bier. Ich arbeite bei meinen Neins immer mit sehr viel Fingerspitzengefühl. Und schaue natürlich auch ganz genau darauf, wie ich angesprochen werde oder welche Intention mein Gegenüber hat. Und überlege schon immer auch, was mein Nein jetzt anrichten wird. Und ich kann dir sagen, dass so viele Menschen einfach nur dankbar sind, für ein ehrliches Nein. Statt eines geheuchelten Jas. Ich will ja nicht mehr lügen. Und Nein ist halt Nein. Zumindest für diesen Moment.

Zusammenfassung und Aufgaben:

- *Nein* ist ein vollständiger Satz. Und selbst, wenn es dir heute schwerfällt, Nein zu sagen, kannst du es schon morgen lernen. Oder heute noch. Auch das Neinsagen ist ein Muskel, den man trainieren kann. Jeden Tag. Um besser darin zu werden.

- Selbst, wenn du immer besser im Neinsagen wirst, kommen wieder Momente, in denen du schwach wirst. Das ist menschlich. Und wird ein Leben lang nicht aufhören. Versuche aber bitte, einem Nein nicht nur einfach mit Ausreden aus dem Weg zu gehen. Weil du zu schwach bist, die Wahrheit zu sagen. Rede lieber einmal Klartext und sorge für temporären Schmerz beim Gegenüber (natürlich nicht körperlich), damit er dein Nein dauerhaft und nachhaltig versteht.

- Natürlich soll niemand ein Ja erzwingen. Weder physisch noch psychisch. Allerdings ist ein Nein niemals in Stein gemeißelt. Das Nein von heute kann ein Ja von morgen sein. Doch wenn eines deiner Neins nicht verhandelbar ist, dann bringe das auch klar und deutlich zum Ausdruck. Unterstütze es bei Bedarf auch mit entsprechender Körpersprache. Oder mach es sanfter mit einem Lächeln. Je nach Situation.

- Wie steht dein Rival zum Neinsagen? Dein Gegenspieler hat absolut kein Problem damit, die Wahrheit zu sagen. Und die Wahrheit kann eben auch ein deutliches *Nein* sein. Dein Rival weiß, dass ein Nein viel Zeit und Energie sparen kann. Und dich vor Menschen oder Gesprächen schützt, auf die du keine Lust hast. Er ist nicht auf dieser Welt, um ein Psychiater für andere zu sein. Außerdem muss er selbst wirtschaften und schauen, wo er Zeit, Geld oder Energie investiert. Dein Rival muss ein Nein nicht erklären, weiß aber auch um die Bedeutung, dass es je nach Beziehung oder sozialer Gruppe darauf ankommt, wie man es formulieren und begründen muss, um weiterhin gesellschaftsfähig zu bleiben.

- Wann hast du zuletzt Ja gesagt, obwohl du Nein sagen wolltest? Und warum? Schaue doch mal, wie du den Muskel des Neinsagens trainieren kannst. Um dir Zeit und Energie zu sparen. Die du für Dinge einsetzen kannst, die dich wirklich interessieren und dir einen Mehrwert bieten.

- Erinnerst du dich an eine Situation im Leben, wo dir das Neinsagen unfassbar schwerfiel, du es aber dennoch gemacht hast? Vielleicht fällt dir was ein, wenn du ein wenig nachdenkst. Warum hast du damals durchgezogen? Und traten die Befürchtungen, die du vorher hattest, wirklich ein?

Das war's jetzt schon fast.

Dieses Buch ist am Ende. Du hoffentlich nicht. Wichtig wird sein, dass du das erstmal alles sacken lässt. Reflektierst. Natürlich solltest du spontanen Impulsen nachgehen. Aber dich am Ende nicht allzu sehr unter Druck setzen. Denn letztendlich hast du *Ja* zum Leben gesagt. Heute Morgen erst. Dieses Leben wird immer Licht und Schatten sein. Bis wir tot sind. Ganz sicher. Lass dich von Rückschlägen nicht runterziehen, sondern nutze sie. Um zu lernen. Wenn du hoch fliegst und denkst, es könnte nicht besser laufen. Dann kommt der schwere Schlag ins Gesicht. Nach dem du wieder liegst. Aber du wirst lernen, schneller wieder aufzustehen. Und gleichzeitig wirst du Vertrauen gewinnen. Darin, dass du im dunkelsten Schmerz immer irgendwo ein heilendes Licht siehst. Dass dir immer irgendwas oder irgendjemand die Hand reichen wird, wenn du am Boden liegst. Und selbst, wenn du von allein aufstehst. Da gibt es immer was, für das es sich lohnt, loszulaufen. In Richtung Helligkeit. Und irgendwann wirst du zu diesem Menschen werden, der anderen den Weg leuchtet. Weil du stärker geworden bist. Und all die Wege gingst. Weil du so mutig warst. So viele Wege kennengelernt hast. Und wenn du vielleicht mal dabei bist, die Hoffnung wieder zu verlieren, dann vergiss nicht, dass es immer Menschen gibt, die an dich glauben. Die dein Potenzial sehen, die dich supporten wollen. Es sind vielleicht nicht viele, die es wirklich ehrlich und gut mit dir meinen. Aber es gibt sie. Und auch ich glaube an dich. Weil es so viel über sich aussagt, dass du bis hier gelesen hast. Du hast es nicht immer leicht. Das weiß ich. Doch du entscheidest. Über dich und dein Leben. Du besitzt die Kraft, Dinge zu verändern. Dich zu verändern. Du erzeugst die Energie, um Dinge zu bewegen. Dich und andere. Außer dich selbst hast du nichts zu verlieren im Leben. Doch du wirst dich niemandem mehr überlassen. Die Zeiten sind vorbei. Du lebst jetzt dein Leben. Und wem es nicht gefällt, der darf dir gerne entfolgen. Online und offline. Die Leute werden so oder so über dich reden. Dann sollen sie sich lieber über das unterhalten, was du gerne tust. Und von Herzen. Ich wünsche dir auf deinem Weg wirklich nur das Beste. Vielleicht schreibst du mir einfach mal eine Mail an henoch@bolzplatzkind.com, wenn du irgendwas Krasses verändert hast in deinem Leben. Oder irgendwas erreicht. Oder gefunden. Den Partner fürs Leben. Oder den inneren Frieden. Ich würde mich sehr freuen.

Schütze deine Energie. Vertraue dem Leben, dem Universum. Und vor allem dir selbst. Liebe den Schmerz, die Niederlage. Nutze alles, was du erlebst. Es war mir eine Ehre mit dir. Und vielleicht bis bald. Ich würde mich freuen.

Dein Henoch

DANKE.

Dieses ist mein erstes Buch, das ich veröffentlicht habe.
Und schon während des Schreibens stellte ich fest, dass
es auch auf keinen Fall mein letztes
sein wird.

Ich bin immer offen für Anregungen, Wünsche und Ideen.
Vielleicht hast du auch Lust, mich für einen Vortrag oder
Kommunikationsberatung zu buchen. Du kannst mich
gerne über die gängigen Plattformen kontaktieren
oder auch einfach nur weiterverfolgen.
Privat oder via Bolzplatzkind.

Instagram
@henochvonhamburg
@bolzplatzkind

LinkedIn
Henoch Förster

Facebook
Bolzplatzkind

TikTok
@bolzplatzkind_official

Milton Keynes UK
Ingram Content Group UK Ltd.
UKHW031355011224
451755UK00004B/300

9 783759 785497